セニングで作り分ける 1カットベース ×3パーマ

9割リピートする パーマのセニング術

中野太郎_MINX
Taro Nakano

CONTENTS

005 Introduction　はじめに

006 セニング操作で作り分ける1カットベース×3パーマ

008 Chapter 1
カットベース別パーマデザイン集
ショートベース／ボブベース／ミディアムレイヤーベース／ロングレイヤーベース／ケーススタディ

018 Chapter 2
ベースカット＋セニング＋パーマテクニック
018 ショートベース×3パーマデザイン
038 ボブベース×3パーマデザイン
058 ミディアムレイヤーベース×3パーマデザイン
078 ロングレイヤーベース×3パーマデザイン

098 Chapter 3
バングバリエーション
ショートベースのSカール／ボブベースのSカール／
ミディアムレイヤーベースのSカール／ロングレイヤーベースのSカール

110 Chapter 4
素材対応のケーススタディ
114 つぶれがちなトップに適度なボリュームを
115 張り付いてしまうバングをふんわりと
116 直毛過ぎる髪に動きとまとまり感を
117 クセ毛を活かすセニング操作でパーマ風に

118 Chapter5
パーマのスタイリングテクニック
122 全スタイル4アングル

127 セニングテクの選択一覧表

128 Chapter 6
セニングの基本テクニック
平行セニング／エンズセニング／ルーツセニング／レイヤーセニング／
グラセニング／間引きセニング／セニングシザーの選び方、考え方

136 Message　おわりに

138 奥付

Cover illustration by　オオツカ ユキコ

Introduction

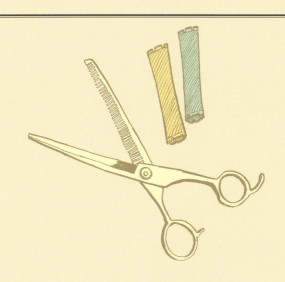

大切なのは「パーマ比率」だけでなく「パーマのリピート率」が上がる技術

いまパーマ比率は、サロンや美容師によって、かなり差があると言われています。しかしパーマを提案したくない、パーマの売り上げが上がらなくていい、というサロンワーカーはいません。何よりも僕たち美容師は、いつ、どんな時でも、ヘアスタイルでお客様を喜ばせたいと思っています。だから様々なデザインを提案できる美容師でありたい。そこに自信を持ってオススメできる「パーマ」という選択肢があるかないかは、大きな違いです。

とはいえ、パーマはカットとワインディングと薬剤の組み合わせですから、それぞれをちゃんと勉強して、自分なりに整理ができていないと、なかなか自信が持てないメニューですよね。特に今は「カットのスキルが高くなければ、パーマのクオリティは上がらない」と言われる時代。まずはカットとパーマの連動性を整理する必要があると思いました。

中でも特に意識したのは「パーマとセニングの関係」です。これまで新規のお客様から「毛先がスカスカ」「パサパサしてまとまらない」という悩みをよく聞いていました。彼女たちの髪を見てみると、不適切なセニングでデザインが壊されているケースが非常に多い。これは感覚的なセニングや、機械的な毛量調整を行っているせいだと思います。不適切なセニングは扱いづらさだけでなく、パーマの「持ち」の悪さやダメージに繋がり、「パーマ嫌い」を生む要因となる。お客様に支持されるパーマになるために「適切なセニングの目安や基準」を作れないだろうか…その思いからこの本はスタートしました。

この本の特徴は、シンプルなベースカット、シンプルなワインディングに徹していること。その代わり、セニングは求めるパーマの質感、カールの形状（Cカール、Sカール、ウエーブ）に合わせて、もっとも適したテクニックを多彩に使い分けています。この「セニング操作で、パーマを作り分ける」という発想で、ひとつのカットベースから、3つの異なるパーマスタイル（質感）を作り出すことを可能にしました。

カールの種類に対してもっとも効果的なセニングを入れているから、シンプルなワインディングでもイメージ通りのパーマになる＝デザインが多彩に作り分けられる。的確なセニングをウエット時に入れておけば、ドライ後の収まりがいいので、アフターセニングがいらない。つまり、せっかくかけたパーマの形状を壊すアフターセニングをしなくていい。だからお客様の「扱いやすさ」がまるで違うし、パーマの「持ち」が非常にいい。このようにパーマとセニングの関係性を理解することで、デザインの作り分けが容易になるだけでなく、お客様のリピートに繋がる「扱いやすく、"持ち"のいいパーマ」を生み出すことができました。

サロンでパーマキャンペーンを行って、一時的にパーマ比率が上がっても、一過性のものではあまり意味がありません。大切なのは、一度パーマをかけてくださったお客様がその後、年に2〜3回のペースでもいいから、ずっとパーマをかけてくださるようになること。そんなパーマを提供できるかどうかではないでしょうか？

この本の手順のままにレッスンを行えば、ショートからロングまで、あらゆるテイストのお客様に、バリエーション豊かなパーマデザインを提案できるようになります。と同時に、お客様への年間の提案サイクルの中に組み込める「リピートされるパーマ」もマスターできると思います。サロン全体でパーマの提案力を上げたい、パーマ比率とパーマリピート率を上げたいと考えている場合にも、きっとお役に立てるはずです。自信を持ってパーマをオススメするために、この一冊をぜひご活用ください！

中野太郎 (MINX)

セニング操作で作り分ける 1 カットベース × 3 パーマ

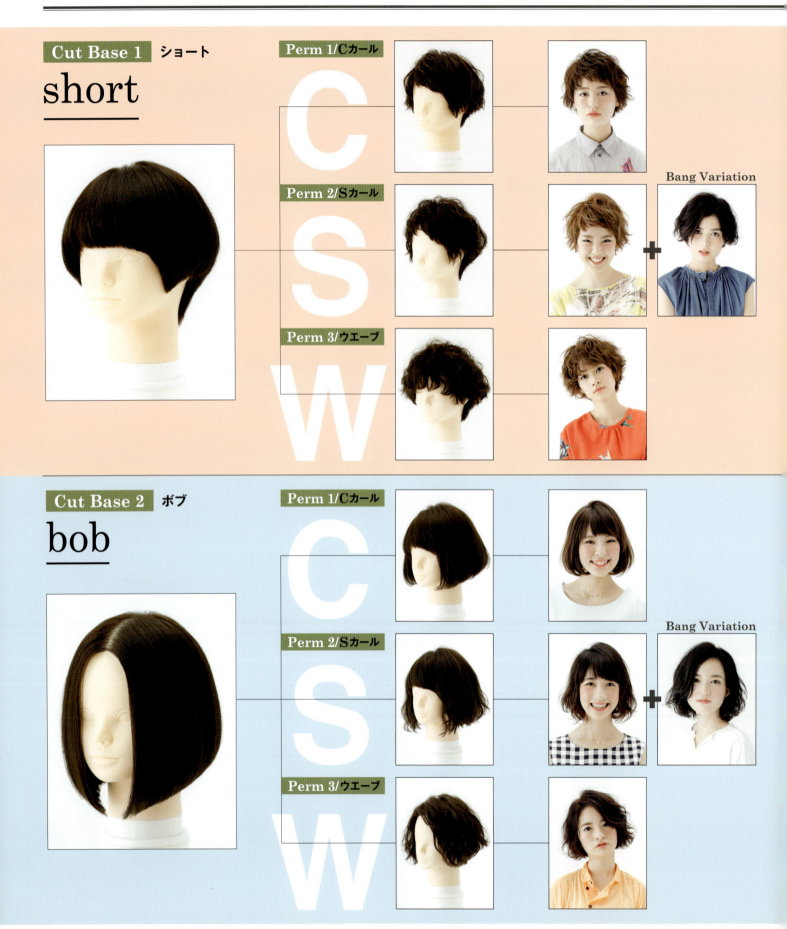

この本では1つのカットベースから、3つのパーマデザインを作り出します。カットベースとワインディングはどれもシンプル。しかし、デザインごとに最適なセニングを施すことで、的確にスタイルを作り分けられる構造になっています。

Short Base
ショートベース

C-Curl

S-Curl

Perm Design 1
スタイリング次第で内巻きにも外巻きにもなるCカールのショートパーマ。クセ毛風に近いナチュラルな質感。

シャツワンピース (KAMISHIMA CHINAMI YELLOW)

Perm Design 2
ショートのパーマの中では、もっとも似合わせやすいSカール。スタイリングもしやすく、キュートにも、カジュアルにもイメージは自由自在。

ブラウス、スカート (共に KAMISHIMA CHINAMI YELLOW)

1つのショートベースから、Cカール、Sカール、ウエーブという3つの異なる質感のパーマデザインを展開。
キュートでフレッシュなショートも、抜け感のある大人ショートも作り分けられます。

P18~37

S-Curl

Wave

Bang Variation 1

Design2のSカールのバング違い。6:4パートの長めバングに変えただけで、ぐっと大人の雰囲気に。
オールインワン（KAMISHIMA CHINAMI YELLOW）

Perm Design 3

ショートのウエーブは個性を出しやすいデザイン。似合わせのポイントはフォルムとカール感のコントロール。
ワンピース（KAMISHIMA CHINAMI YELLOW）

Bob Base
ボブベース

C-Curl

S-Curl

Perm Design 1
毛先Cカールで、重さのある内巻きワンカールのボブ。ボブっぽさを強調するフォルムが人気。

Perm Design 2
Sカールで、ゆるい束感と空気感を出したデザイン。誰にでも似合いやすい、汎用性の高いデザイン。

1つの前下がりボブベースから、Cカール、Sカール、ウエーブの3つの質感を作り分けます。
質感の違いで、ボブに重さやボリュームを加えることや、軽さや躍動感を表現することもできます。

P38〜57

S-Curl

Wave

Bang Variation 1

Perm Design 2 のSカールのバング違い。サイドパートの重め流しバングで、クールな大人ボブに。

トップス（KAMISHIMA CHINAMI YELLOW）
パンツ（KAMISHIMA CHINAMI）

Perm Design 3

すそ広がりのフォルムに軽やかな動きのウエーブ。フロント次第でラフにも、エッジの効いたスタイルにもなる。

ワンピース（KAMISHIMA CHINAMI YELLOW）

11

Medium Layer Base
ミディアムレイヤーベース

C-Curl

S-Curl

Perm Design 1

フェミニンな内巻きスタイルは、Cカールの重なりで出す、ミディアムならではのゆるふわ感がポイント。

ブラウス、パンツ（共にCHLOE STORA for MY PAN'S）

Perm Design 2

ぐっと女らしさが増すSカールは、ミドルからしっかりカール感を出すことが大切。誰にでも似合わせやすい質感。

ノースリーブブラウス（CHLOE STORA for MY PAN'S）
ワンピース（Lourmarin）、ネックレス（CITRUS）

1つのミディアムレイヤーのカットベースに、異なる3つのパーマデザインを展開しています。
ミディアムレングスになると、パーマの質感の違いが、そのままボリューム感やフォルムの違いに直結します。

P58~77

Wave

S-Curl

Bang Variation 1
S-Curl の Perm Design 2 のバング違い。センターパートをリバースに流すバングで、さらにフェミニン度アップ。
トップス、パンツ（KAMISHIMA CHINAMI YELLOW）

Perm Design 3
ボリューム感が出るゆるウエーブで、人気の「外国人風」ミディアム。エッジの効いたバングでより個性的に。
柄ブラウス、柄パンツ（共に CHLOE STORA for MY PAN'S）

Long Layer Base
ロングレイヤーベース

S-Curl

C-Curl

Perm Design 1

ブローでフェミニン、くずせばカジュアルになる王道のCカール。カットの違いで扱いやすさに大きな差が出る。

Perm Design 2

ロングレイヤーのSカールは、抜け感のあるカール感が人気。抜け感の出やすさも、セニングがポイント。

1つのロングレイヤーのカットベースに、異なる3つのパーマデザインを展開しています。
パーマの効果が最もはっきり出るロングレイヤーは、セニングとの組み合わせで華やかさや抜け感を表現。

P78〜97

Wave

S-Curl

Bang Variation 1

S-CurlのPerm Design 2のバング違い。レングスが長い分、バングの表情で大きくイメージが変わる。

レーストレンチ（スタイリスト私物）　Tシャツ（tiny dinosaur）
パンツ（KAMISHIMA CHINAMI YELLOW）

Perm Design 3

華やかさと立体感を演出するロングのウエーブ。セニングで空気感のある動きを出しやすくすることが大切。

Case Study
ケーススタディ

Bang section Perm

Top section Perm

Case Study 1
細くてネコッ毛なためつぶれがちなトップを、オーバーセクションのみ湿熱系パーマを巻いてボリュームアップ。

Case Study 2
ぺたりと張り付いてしまう毛流のバングを、ホット系のポイントパーマでふんわりと丸く。

ここでは個々の素材による悩みを解決するため、または素材を活かすためのセニングとパーマの考え方を紹介。
パーマファンになってもらうための、最初の一歩にもなるデザインとテクニックです。

P110〜117

Hot system Perm

Naturally curly hair

Case Study 3
太くて硬い、直毛過ぎて扱いにくい髪を、ホット系パーマの特性を活かして柔らかなカールにチェンジ。

Case Study 4
セニングをメインにクセ毛をパーマ風にカットし、パーマの質感に親しむきっかけを作る。

Chapter

Base Cut Technique 1_Short Base

Cut Base 1

short

× 3 Perm Design

ショートレイヤーは、もともとキュート、アクティブ、マニッシュ、モダン…などのイメージを持つスタイル。パーマをプラスすることで、より明るく躍動的な雰囲気が出せます。また柔らかさやかわいらしさ、カジュアル感も強調できます。

ショートの場合、「Cカール」はスタイリングの補助的なパーマなので、自分でちゃんとスタイリングができる人向き。お手入れが苦手な人なら「Sカール」のほうが扱いやすいでしょう。「ウェーブ」ならば、自然乾燥でもOKです。

Part.1 | ショートベース

Cut Base 1 ショート

short

共通のカットベースとなる
ショートグラ。
フロントはマッシュに
近いラウンドライン。

short

3つのパーマデザインの基本のカットベースとなる、グラデーションのショートスタイル。フロントはマッシュっぽいラウンドライン。頭の形に沿ったきれいな丸みを出すことと、正面から見た時に左右のウエイトポイントが目尻の延長線上にきて、丸みのあるひし形フォルムを描くように作ることが大切。

Perm Design

Perm Design1 ショート× Cカール

ショートのCカールは、カットラインに忠実なセニングが基本。全体量を均一に減らす。

C-Curl

テクニックはP26

Perm Design2 ショート× Sカール

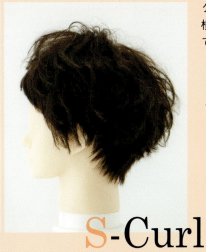
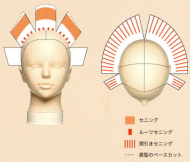

クセ毛風の質感のSカールは、横スライスの間引きセニングで、「髪のゆらぎ」をつくる。

S-Curl

テクニックはP30

Perm Design3 ショート×ウエーブ

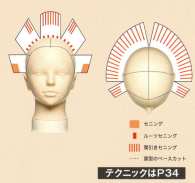

ショートのウエーブスタイルは、質感をしっかり出しつつ、フォルムをキープ。「減らし方」よりも、「残し方」がカギ。

Wave

テクニックはP34

Part.1 ショートベース

Base Cut Technique 1_Short Base

ショートベース

Technique Point
3つのパーマデザインに共通する、横スライス、45度のリフトで作るショートグラデーション。横スライスのリフトアップは左右で角度が狂いやすいので、常に正面とサイドからのウエイトラインを確かめながら切っていくことが大切。スライスも頭の丸みに沿った横スライスを意識する。

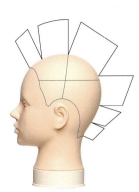

short

1 サイドから。第1パネルは指1本分（15度）のリフトアップで、耳下からリップラインに向かう前下がりにカット。

2 耳下からリップラインに向かう前下がり。これがサイドのガイドになる。

3 第2パネルは指2本分のリフト（30度）で、2のガイドを少し削りながら、チョップでカットしていく。

4 その上の第3パネルは指3本分リフト（45度）させて、やはりガイドを少し削りながら、チョップでカットしていく。

5 第4パネルも同様。指3本分リフト（45度）させて、ガイドを少し削りながらチョップカット。逆サイドも同様にカットする。

6 指3本分のリフト（45度）は、正面から見るとこのような角度になる。

7 バックはファーストポイント（※）とサイドをつなぐスライスを取り、15度のリフトでスライスと平行にカット。

ファーストポイント

8 次のパネルに移動するとき、常にひとつ前のパネルを同時に持って、連続してカットしていくことが大切。

9 そのままバックセンターまでスライス線に平行に引き出し、15度のリフトアップでカット。逆サイドも同様に切る。

10 これがバックのグラのガイドになる。

a

b

サイドの前下がりラインができた状態。正面から見ると、毛先に丸みのあるグラがついている。

※ぼんのくぼの上の1番出ている骨の部分。ウイッグの場合は鼻頭の延長。

Part.1 ショートベース

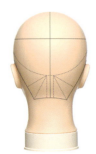

第1（ネープ）セクションのスライス

このようなラインとなる。

第1セクションの切り上がり。

第2セクションの切り上がり。

11

ネープセンターから1.5センチ幅の縦スライスで引き出し、10をガイドにチョップでグラにカットしてアウトラインをつくる。

12

このようなグラの角度になる。これをガイドとする。この時、改めてアウトラインを作っていく。

13

第2パネルからは徐々に頭の丸みに沿った斜めスライスに移行させつつ、12をガイドにグラでカット。

14

その上の第3パネルはサイドにつながるように15度のリフトアップでⒸをガイドにカット。逆サイドも同様に切る。

15

その上の第2セクションは30度にリフトアップして、スライス線を意識して、Ⓓをガイドに、7～9と同様に切り進む。

16

第3セクションは45度にリフトアップさせる。

17

同様にバックセンターまで切り進んだら、逆サイドも同様に切る。

18

第4（トップ）セクションは放射状に下ろし、45度のリフトアップで、第3セクション（16～17）をガイドにカットする。

19

常にひとつ前のパネルを同時に持ってカット。

20

頭の丸みを意識して、角度を徐々に下げながら、バックセンターに進む。逆サイドも同様に切る。

バックセクションの切り終わり。頭の丸みに沿ったグラになっている。

g フロントのアウトラインが設定された状態。これがガイドとなる。

切り上がり

21 バングは奥行3センチ、左右の黒目と黒目の間を切っていく。

22 目ギリギリの長さで真っ直ぐにチョップカット。

23 gをガイドに、ツーセクションラインまで、チョップで左右を自然なラウンドラインでつなぐ。

24 第2セクションはイア・トゥ・イアまで取る。

25 gをガイドに、イア・トゥ・イア前の髪をガイドに合わせて0度で切る。

26 同様に、左右をラウンドラインでつなぐ。前に切り返すようなイメージでつなぐと、自然にサイドと丸くつながる。

27 トップにレイヤーを入れる。G.Pからオンベースで引き出し、角を落とす感覚でセイムレイヤーにカット。

28 トップ全体を放射状に引き出し、27をガイドにセイムレイヤーにカットしていく。

29 逆サイドも同様に。

30 トップ全体を一周させる。

h バングの切り上がり。

Part.1 | ショートベース

Thinnig Technique
セニングテクニック

Perm Design 1
Cカール

C-Curl

原型のカットベースとの違い
原型よりもバングとトップがやや短い。バックトップは原型よりも若干レイヤーが入っている。

カットテクニックのポイント
Cカールは補助的なパーマなので、ベースのフォルムを崩さないことが大切。まずベースを正確に切り、その後、毛量を1000本から600本にするようなイメージで、セニングで全体を均一な毛量に整える。ただしトップにはある程度のボリュームは残す。これで内巻きにも外ハネにもスタイリングが可能になる。

失敗しやすい点・注意点
最もNGなのが、毛先だけをペラペラに軽くしてしまう失敗。カットラインに沿ったセニングで、全体を均一な毛量に減らすことが基本になるが、機械的に入れるのではなく、量が多い部位と少ない部位を見極めてコントロールしていくようにする。

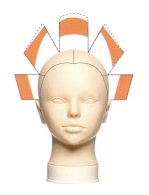
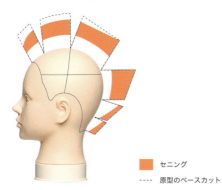

■ セニング
---- 原型のベースカット

切り上がり

1 サイドは3段に分けて、パネル1/2からカットラインに平行のセニングを入れる。顔周りなので根元には入れない。

2 イア・トゥ・イア上も同様に、1/2から平行セニング。ベースは横スライスでカットしていくが、セニングは縦に細かく入れていく。

3 その上の第2セクションも、1と同様に1/2から平行セニング。

4 イア・トゥ・イア上も2と同様に、1/2から平行セニング。

5 トップは1/2から細かめに平行セニング。全体が均一な毛量になるよう、減らしていくイメージで。

6 このような削ぎ具合にする。

7 グラで切っているネープは、毛先の収まりをよくするために、グラセニングを入れる。

8 左側のネープセクションを削いだ状態。

9 耳の高さまでのセクションを7と同様に削ぐ。

10 その上のセクションからは、根元側1/3のところから平行セニング。ここからは再び、全体を均一に減らしていく。

11 ここはグラで切っているため重みが出やすいので、根元1/3からしっかり削ぐ。

12 トップはややボリュームが欲しいところなので、1/2のところから平行セニング。

13 バングは上とのつながりを持たせるために2段に分け、下段は右から左に流れるように、パート際からグラセニング。

14 ただし表面はあまり削がないようにし、厚みを残しつつ空気感を出す。

15 上段はトップとなじませるために、1/2から平行セニングを入れる。1/2から入れることで、動きが出やすくなる。

Part.1 ショートベース

Perm Technique
パーマテクニック

Perm Design 1
Cカール
C-Curl

ワインディングの手順
バング▶トップ▶バックセンター▶サイド▶バックサイド▶ネープの順番で巻く。

パーマのポイント
オールパーパスに似たフォーメーションの平巻きだが、内巻きと逆巻きをミックスさせている。毛先の動きはゆるやかで一定だが、根元の動きをコントロールすることになり、頭の丸みにフィットしたコンパクトなフォルムになる。

1 バングはジグザグスライスを取り、23ミリ、ややダウンステムで平巻きに巻き下ろす。

2 その上のトップのフロント側1本目は、23ミリで1.5回転、アップステムで平巻き。

3 2本目はややステムを落とし、23ミリ、後方への平巻きで巻きこむ。

4 3本目はややステムを落としながら同様に巻きこむ。

5 バックセンター1本目は、ジグザグスライスを取り、20ミリ1.5回転の平巻きでダウンステム。

6 2本目は17ミリで逆巻き。3本目は15ミリで平巻き、4本目は13ミリで平巻き1.5回転。逆巻きを平巻きで挟むようにする。

7 サイドの上から1本目は、20ミリで平巻き1.5回転(ただしハチが張っている人はここから逆巻き)。

8 2本目は17ミリで逆巻き、3本目は15ミリで平巻きと、ここでも平巻きの間に逆巻きを挟む。

9 バックサイドは、1〜3本目まではサイドと同様に、20〜15ミリで平巻きと逆巻き。4本目は13ミリで平巻き。

10 ネープはフォワードにピンパーマ。

ロッドオン

ショートのCカールは、カットラインに忠実なセニングが基本。全体量を均一に減らすことを意識する

ショートのCカールは毛先にカーブがつく程度のカール感で、カジュアルな印象。スタイリングで内巻きにも外ハネにもできる。カールがゆるいからこそ、ベースを正確に切っておくことが大切で、ボリュームを出す場所、締める場所を曖昧にせず、メリハリをつけておく。セニングは全体に均一に入れることが基本。

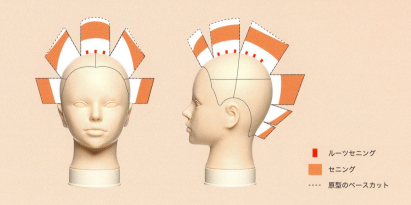

■ ルーツセニング
■ セニング
---- 原型のベースカット

似合わせのポイント

スタイリングで内巻きにも外巻きにもできるので、顔型に合わせた補正や似合わせの調整はしやすい。ハチ張りやエラ張りなどの場合はトップのボリューム感と、サイドに外ハネの部分をつくることで視線をそらし、輪郭をカバーするといい。

Part.1 | ショートベース

Thinnig Technique
セニングテクニック

Perm Design 2
Sカール

S-Curl

原型のカットベースとの違い
トップの長さは原型よりもやや短く、セイムに近い角度でカットしている。バングはレイヤーでカットした、かなり短いショートバング。

カットテクニックのポイント
ミドルセクションを横スライスで間引くことで、毛束が横揺れしやすくなり、クセ毛風のラフな質感を作り出すことができる。ミドルを挟むネープはグラセニングで収まりやすくしておく。トップはルーツ＋中間からのセニングで束感を出しつつ、ボリューム感をキープする。

失敗しやすい点・注意点
縦スライスではなく、横スライスで間引くことが最大のポイント。横に空間ができるので、パネルが横に揺らぎやすく、より浮遊感を出すことができる。ただし細かく入れ過ぎてしまうと、逆に束感が出にくくなるので注意。

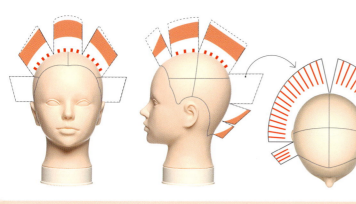

■	セニング
■	ルーツセニング
‖‖‖	間引きセニング
----	原型のベースカット

切り上がり

1 バングは別個に分け取り、サイドの下から1線目は1/2から平行セニング。毛先を動きやすくし、クセ毛風のニュアンスを出す。

2 その上のミドルセクションを横スライスで上下2つに分ける。

3 下段から横スライスで引き出して、縦にシザーを入れて根元1/3から、やや粗めに間引く。ただし顔周り1線は残す。

4 このような削ぎ具合にする。

5 上段は根元の立ち上がりが欲しいのでルーツセニングを入れる。

6 その後、1/2から平行セニングを入れミドルになじませる。

7 ネープはグラベースなので、グラセニングを入れ、毛先の収まりをよくする。

8 ネープはこのような削ぎ具合になる。

9 ミドルは上下2段に分け、横スラで引き出し、3と同様に根元1/3から、やや粗めに間引く。

10 ミドルはこのように、やや粗めの削ぎ具合にする。

11 その上のセクションも9と同様に削いでいく。

12 逆サイドも同様に削ぐ。9～12まで、ミドルは毛先には入れないようにすることが大切。

13 トップはルーツセニングで内側を動きやすくした後、1/2から平行セニングを入れてミドルとなじませる。

14 Cカールのバングより軽くしたいので、バングは上下2段に分け、下段は1/2から平行セニング。

15 上段も1/2から平行セニングを入れて、動きと軽さを出す。

Part.1 | ショートベース

Perm Technique
パーマテクニック

Perm Design 2
Sカール
S-Curl

ワインディングの手順
バング▶トップ→ハチ周り▶バック▶サイド▶ネープの順番で巻く。

パーマのポイント
クセ毛風の質感を出すため「無造作なロッド配置」にすることがポイント。ただしトップはしっかりアップステムで巻いてボリュームを出す。耳後ろを前方向の逆巻きにして、コンパクトにしつつ、浮遊感を出す。

1 バングは、23ミリの平巻きで巻き下ろす。ややアップステムで。

2 フロントトップの前から2本目は、20ミリの平巻きでアップステム。

3 3本目からは後方への平巻きに変え、20ミリ・オンベースで巻き込む。

4 5本目はややステムを下げる。ここまですべて1.5～1.75回転。

5 ハチ周りはジグザグに斜めスライスを取り、上から23ミリで、ややアップステムで1.5回転巻く。

6 その下は20ミリで同様に巻き、トップの立ち上がりにつなげる。

7 バックはレンガ状スライスで、上から1本目は17ミリで1.5回転。2～3本目は15～13ミリで1.5回転の逆巻き。

8 サイドもレンガ状スライス。イア・トゥ・イア上は、15ミリの逆巻き1.5回転。根元のボリュームをダウンさせる。

9 フェイスラインのみ、リバースにピンパーマで1.5回転。

10 ネープはフォワードにピンパーマで1.5回転。

ロッドオン

クセ毛風の質感のSカールは、
横スライスの間引きセニングで、
「髪のゆらぎ」を作る

いわゆるクセ毛風パーマが特徴のショートのSカール。ゆるふわの質感がレングスの長短を問わず、多くの人に似合わせやすい。Cカールよりカール感が出るので、女性らしく柔らかな印象を与える。束感と浮遊感を出すために、ミドルを横スライスで間引くテクニックがポイントになる。

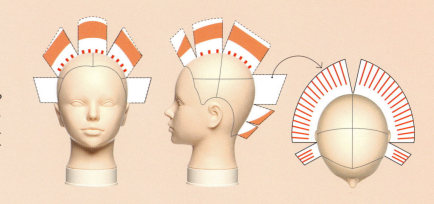

- セニング
- ルーツセニング
- 間引きセニング
- 原型のベースカット

似合わせのポイント

バングの作り方で似合わせを調整していく。面長ならば、やや長めの下ろし流しバングにするとフィットしやすい。このモデルのようにショートバングにするのであれば、サイドへの張り出し（外ハネ）部分でフォルムをコントロール。ただしCカールよりもボリュームが出るので、顔が大きい人には難易度が高い。

Part.1 ショートベース

Thinnig Technique
セニングテクニック

Perm Design 3
ウエーブ

原型のカットベースとの違い
ここではほぼ原形通りのベースだが、ウエーブの場合、ベースカットのフォルムが似合わせに直結するので注意する。ウエイトが上がり過ぎるといわゆる「おばさんパーマ」になり、低過ぎるとウエーブが出にくい。

カットテクニックのポイント
ウエーブは量の残し方がポイント。減らし過ぎるとフォルムが崩れやすいので、ルーツ＋横スライスの間引きテクを、ウエーブを出したいところに狙って入れる。ウエーブとネープのカールのつなぎ目は、セニングの入れ方でつながりをもたせる。また、ワインディングも繊細に行うことが大切。

失敗しやすい点・注意点
削ぎ過ぎ、削ぎ不足、どちらの失敗も多い。またCカールのような「均一な削ぎ方」をするとウエーブが出にくくなる。毛先の束感はきちんと残して、根元からの間引きをしっかり行うことで適度な量感を残しつつ、フォルムを整える。

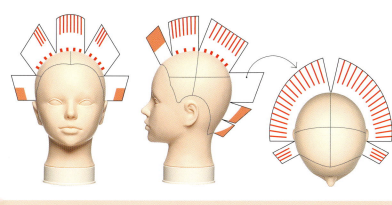

- ■ セニング
- ■ ルーツセニング
- |||| 間引きセニング
- ---- 原型のベースカット

切り上がり

1 バングは長いので分け取っておく。サイドのアンダーはカールが出やすいように、中間をメインに平行セニング。

2 中間をメインに、このような状態に削ぐ。

3 ミドルの下段は、根元1/3から横スライスの間引きテクで、動きが出やすくする。Sカールのときよりも細かく間引く。

4 このような削ぎ具合にする。

5 ミドルの上段はまずルーツを入れてボリュームを出しやすくする。

6 次に3と同様、横スライスで間引いて動きを出す。

7 トップもボリュームが欲しいのでまずルーツを入れ、次に中間から横スラで間引く。束感が出やすくなる。

8 ネープ1線目はグラセニングで収まりをよくする。

9 このような削ぎ具合にする。

10 ミドルは2段に分け、中間から平行セニングでカールをなじませる。

11 その上のセクションは横スラの間引きセニングを、細めに入れる。

12 このような削ぎ具合にする。

13 根元の立ち上がりが欲しいトップはルーツを入れた後、横スラで中間から間引く。均一ではなくメリハリをつけて間引く。

14 ウェーブなので、バングも2段に分けて、中間から平行セニングを均一に入れていく。

15 トップはウェーブ感とボリュームを出したいので、中間から平行セニングで、カールと動きを出やすくする。

Part.1 ショートベース

Perm Technique
パーマテクニック

Perm Design 3
ウェーブ
Wave

ワインディングの手順

ネープ▶アンダーのバック▶ミドルのサイド〜バック▶バング→オーバーのサイド〜バック▶トップの順番で巻く。

パーマのポイント

ネープ以外はすべてスパイラル巻きでリバースとフォワードのミックスに巻く。ノーパートなので、トップを放射状に配置することが大切。

1 ネープのヘムラインは、フォワードに、きつめにピンパーマ。

2 バックのアンダーセクションは、センターから斜めスライス、13ミリで逆巻きにする。

3 ミドルのサイドは縦スライス、1本目は15ミリ、リバース巻き。2本目は15ミリでフォワード。3本目は13ミリでリバースに巻く。

4 3本目以降も縦スライス、13ミリでリバースとフォワードを交互に、バックまで巻いていく。すべて1.75〜2回転。

5 バングは17ミリで、センターから流す方向(左)に向けてに1.75回転。2本目はリバース、3本目はフォワード。

6 このリバース、フォワードを、交互に繰り返す。

7 オーバーのサイドは、バングから引き続き、イア・トゥ・イアまでは17ミリでリバース、フォワードを交互に巻く。

8 このままバックセンターまで15ミリで、リバース、フォワードを交互に巻く。

9 トップは放射状スライスで20ミリ、リバースとフォワードを交互に巻く。

10 真上から見たところ。放射状スライスでリバースとフォワードが交互に巻かれているロッド配置。

ロッドオン

ショートのウエーブスタイルは、
「減らし方」よりも、
「残し方」がカギ

ナチュラルウエーブで、ややビッグシルエット。バングにウエーブをつけてニュアンスをプラスしている。ショートのウエーブの場合は、量を減らし過ぎるとフォルムが崩れやすい。ルーツ＋横スライスの間引きテクで「残しながら減らす」ことが重要。ウエーブとカールの境目もうまくなじませることがカギ。

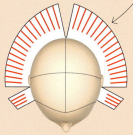
 セニング
 ルーツセニング
　　　　　　　間引きセニング

似合わせのポイント

ショートのウエーブはボリュームが出やすいので、ハチ張りやエラ張りの人には難易度が高い。その場合はレングスをアゴくらいまで長くし、ボブに近付けてバランスを取る。面長や丸顔の人には、フェイスラインの作り方で似合わせる。

Chapter 2

Base Cut Technique 2_Bob Base

Cut Base 2

bob

×

3 Perm Design

ストレートの前下がりボブは、シャープなかっこよさやエレガント感、クラシック感が前に出がちですが、パーマをプラスすると質感だけでなく丸みも加わるので、優しさやかわいらしさ、抜け感、カジュアル感、色気などを感じられるようになります。また、バングの作り方次第で、イメージが大きく変わるのもボブのパーマの特徴です。

動きを加えるといっても、ボブの重さは残すことがポイント。求めるカール感に対して「どこを残し、どこを削って空気感を出すか？」が重要です。

Part.2 ボブベース

Cut Base 2 ボブ

bob

共通のカットベースとなる前下がりのボブ。フロントは、この段階ではセンターパートでバングレス。

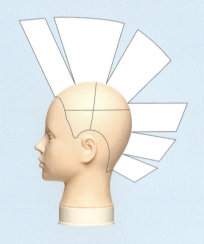

bob

基本のカットベースは、自然な角度の前下がりのグラボブで、ウエイト位置やレングスを変えるだけで、雰囲気が変わるデザイン。バックからグラを入れていくが、骨格を意識したスライスを取ることと、後ろへのオーバーダイレクション（＝ OD）をきちんとコントロールすることがポイント。

Perm Design

Perm Design1 ボブ×Cカール

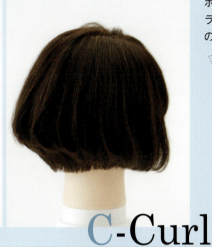
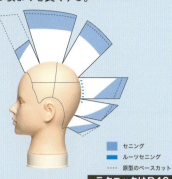

ボブベースにCカールは、グラセニングで質感調節と毛先の収まりを良くする。

C-Curl

セニング
ルーツセニング
原型のベースカット

テクニックはP46

Perm Design2 ボブ×Sカール

ボブベースにSカールは、ミドルセクションを間引いて軽くし、空気感を出す。

S-Curl

セニング
間引きセニング
原型のベースカット

テクニックはP50

Perm Design3 ボブ×ウエーブ

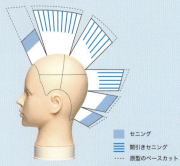

ボブベースにウエーブは、根元〜中間をしっかり間引いて、全体の重さを取る。

Wave

セニング
間引きセニング
原型のベースカット

テクニックはP54

Part.2 | ボブベース

Base Cut Technique 2_Bob Base

ボブベース

Technique Point
共通のカットベースとなる前下がりのボブ。バックから頭の丸みに沿った斜めスライスでグラを入れていき、フロント寄りほど後ろへのオーバーダイレクション（＝OD）をかけて、サイドに前下がりのグラをつけていく。前下がりはあまり急な角度にしないほうが、今っぽい雰囲気。

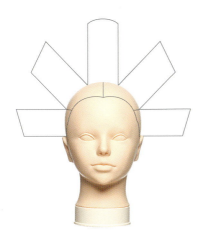
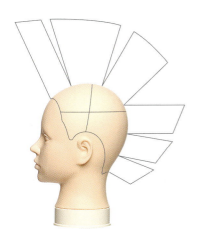

ネープの左サイドの第1セクションの切り上がり。これをネープのガイドとする。

1
ネープの長さを決める。バックセンターをスライス1.5センチ幅で取り、えり足から4センチの長さでカット。

2
この長さをアウトラインとして設定。

3
バックセンターから縦スライスで引き出し、45度下にシェープ。1の長さをガイドに、チョップでグラにカット。

4
次のパネルのスライス線は、このような斜めスライスになる。

5
3をガイドにグラで進む。この時パネルをフロント側に少しひねるようにすると、頭の丸みに合わせやすい。

6
このまま斜めスライスで、ⓐをガイドにネープセクション全体をグラで切り進む。これはラストパネル。

7
逆サイドも4〜6と同様にグラでカット。これはラストパネル。

8
第2セクションはツーブロックポイントから耳上を結ぶライン。センターを斜め下に引き出し、3(第1セクション)のグラにつなぐ。

9
2パネル目からは、5と同様に斜めスライスに切り替え、45度下に引き出し、前のパネルをガイドに耳後ろまでグラをつける。

10
このとき、フロント側に向かうほど、パネルを徐々にリフトダウンさせていく。

バックのネープセクションの切り終わり。グラが入ったので、首筋に沿って内巻きに収まりやすい状態。

Part.2 | ボブベース

このようなラインとなる。

11 第3パネルも同様に、前のパネルをガイドに切り進める。

12 フロント側に向かうほど、パネルを徐々にリフトダウンさせる。

13 逆サイドも同様に切る。

14 第3セクションはG.Pからテンプルポイントを結ぶライン。センターのパネルをややリフトアップさせ、第2セクションをガイドにグラで切る。

15 斜めスライスに切り替え、徐々に後ろへのODをかけながら、切り進む。

16 フロント側に向かうほど、ODに加えて、徐々にリフトダウンさせながらカット。

17 フロント側のラストパネルはODも弱めて、前下がりのラインにカット。

18 逆サイドも14〜17と同様にカットする。

19 第4セクションはG.Pからこめかみを結ぶライン。同様に、バックセンター側は14と同様にリフトアップでカット。

20 フロント側に向かうにつれて、徐々に後ろへのOD＋リフトダウンで、前下がりのグラを入れていく。

第3セクションの切り上がり。前下がりのグラデーションになっている。

ウエイトラインがはっきりしてきた。

グラデーションベースの切り終わり。ここにレイヤーを加える。

切り上がり

21 トップセクションは放射状に下ろし、第2〜第4セクションと同様にグラを入れていく。

22 ここもフロント側に向かうにつれて、徐々に後ろへのOD+リフトダウンで前下がりのグラを入れていく。

23 顔周りのラストパネル。前下がりになるようにODをかける。

24 逆サイドもすべて同様にカット。

25 トップのG.Pからパネルを取り出す。

26 オンベースに引き出し、カド取り程度にチョップでレイヤーを入れる。このように、ほんの少しだけ削る。

27 これをガイドにイア・トゥ・イアより後ろを放射状にスライスを取り、1つ後ろのパネルにODをかけながらカットする。

28 バックとの境目の長さをガイドに、フロント側も同様にレイヤーを入れる。2パネル目から前は、イア・トゥ・イア上にODをかける。

29 フロント周りは、すべて前方水平に引き出しカドを取る。これでどこで分け目をつけてもOKになる。

30 ツーセクションラインの耳前部分だけ前に引き出し、カドを削っておく(上のパネルと切り離す)と、収まりが良くなる。

Part.2 ボブベース

Thinnig Technique
セニングテクニック

Perm Design 1
Cカール

C-Curl

原型のカットベースとの違い
眉ラインの長さで、自然なラウンドラインのフルバングにチェンジ。他は原型よりやや長め。

カットテクニックのポイント
Cカールに必要なのは、毛先の収まりを作るためのベースカット＋セニングなので、パーマをかけない場合でも、ウエット時のセニングは共通となる。グラの切り口にはグラセニングを入れることで、収まりをよくする。求める「収まり度合い」によって、根元のセニングを選択（ルーツにするか根元2/3にするか、など）することが大切。

失敗しやすい点・注意点
ある程度重さを残す必要があるCカールは、内巻きの収まりをよくするための補助的なセニングを入れる、と捉える。ただし耳後ろやこめかみ、もみあげなど重さの溜まる部分はきちんと毛量コントロールしないと、空気感が出ない。

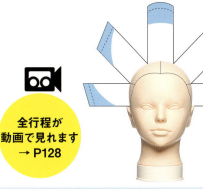
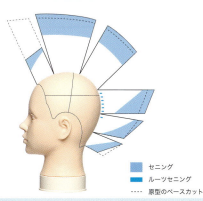

■ セニング
■ ルーツセニング
---- 原型のベースカット

切り上がり

1 ネープのグラに、セニングシザーでグラセニングを入れる。内側が短く、表面が長くなり、より毛先が内巻に収まる。

2 このような具合に、グラセニングで削いでいく。

3 ミドルは毛量が多く、内巻きになりにくいので、頭皮ギリギリからセニングシザーでルーツセニングを入れる。

4 その後、1と同様にグラセニングを入れるが、毛量には個人差があるので、状態をよく見ながら繊細に入れていく。

5 バックのトップセクションは下のパネルになじませるため、毛先1/3に、縦にセニングシザーを入れる。

6 サイドのこめかみも内巻きに収めたいので、グラセニング。

7 このような具合に、グラセニングで削いでいく。

8 顔周りはフェイスラインに平行の斜めスライスを取り、スライスに平行セニング。顔周りのセニングはより繊細に行うことが大切。

9 フロント側トップは毛先のなじみをよくしたいので、毛先1/3だけ縦にセニングシザーを均一に入れる。

10 このような具合に、毛先を削いでいく。

11 ウエット時のセニング終了（パーマをかけない場合でも、ここまでのセニングプロセスは同じ）。

12 ドライ後、ダウンステムで毛先にエンズセニングを入れる。グラの切り口が滑らかになり、より収まりがよくなる。

Part.2 ボブベース

Perm Technique
パーマテクニック

Perm Design 1
Cカール
C-Curl

ワインディングの手順
バング▶トップ▶サイド▶バック〜バックサイド▶ネープの順番で巻く。

パーマのポイント
毛先をすべて内巻きに収めるCカールは、毛先1.5回転巻きのダウンステムが基本。頭の丸みに合わせて、ロッドを積み上げるイメージで配置する。トップからもカールをつけ、表面をふわっとさせた方が、全体に丸みと柔らかさが出る。

1 バングは23ミリ、ダウンステムの平巻きで1.5回転巻く。

2 トップは2本とも29ミリ、アップステムの平巻きで2回転巻く。ただし2本目(バック側)は、1本目よりややステムを落とす。

3 サイドの1段目は23ミリ、ダウンステムの平巻きで1.5回転巻く。

4 2段目も同様に23ミリ、ダウンステムの平巻きで1.5回転巻く。

5 バックはセンターから、1段目は15ミリ、ダウンステムの平巻きで1.5回転。

6 両バックサイドも同様に、15ミリで平巻きの1.5回転。

7 2段目は20ミリ、ダウンステムの平巻きで1.5回転。両バックサイドも同様に巻く。

8 3段目は23ミリ、ダウンステムの平巻きで1.5回転。両バックサイドも同様に巻く。

9 ネープは、ヘムラインにフォワード巻きのピンパーマ。

10 センターを起点に、すべてフォワード方向にピンパーマを巻く。

ロッドオン

ボブベースにCカールは、
グラセニングで質感調節＋毛先の収まりを
良くする

重さのある毛先が、内巻きにくるんと収まるCカール。ポイントは、最初から毛先が内側に収まるように、補助的なグラセニングを入れておくこと。ただしそれだけでは余分な重さを取りきれず、空気感も出ないので、耳後ろやこめかみ、もみあげ部分の毛量はきちんと取っておくようにする。

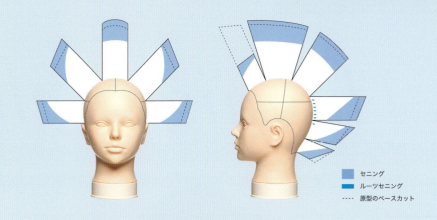

■ セニング
■ ルーツセニング
---- 原型のベースカット

似合わせのポイント

丸顔の場合は、レングスをアゴ下にし、縦長感を出すとバランスがいい。ただしフルバングはNG。どこかに隙間を空けることが大切。面長の場合は長くてもアゴまでに。Cカールでボリュームを出すと似合わせやすい。エラ張りはバングを真っ直ぐにせず、サイドに流すと小顔に見える。

Part.2 | ボブベース

Thinnig Technique
セニングテクニック

Perm Design 2
Sカール

S-Curl

原型のカットベースとの違い
グラデーションでカットした、眉にかかる長さの下ろし流しバングにチェンジ。それ以外は原型とほぼ同じ。

カットテクニックのポイント
重過ぎず軽過ぎずのゆるい束感が人気のSカールの場合、動かしたいのはミドルセクション。ミドルセクションをウィービングのように縦に間引いて軽くし、表面と毛先はなじむように作ることで、内側からフワッと浮き上がるような空気感を出す。間引きは、P54のウェーブスタイルよりも粗くすることがポイント。

失敗しやすい点・注意点
ミドルを間引いて軽くし、カールの動きと浮き感を作っていくことがポイントだが、動かしたい場所以外を間引き過ぎると、ベースのフォルムを崩してしまうので注意する。アフターセニングは質感を崩すので、極力避ける。

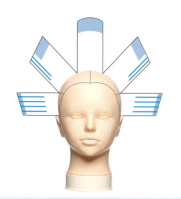 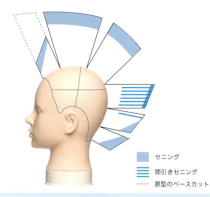 

■ セニング
≡ 間引きセニング
---- 原型のベースカット

切り上がり

1 収まりをよくしたいネープは、グラ部分をグラセニング。内側にイングラが入るような状態になり、内巻きになりやすい。

2 ミドルセクションは、根元1/3から縦にセニングシザーを入れて粗めに間引き、量感をしっかり取る。

3 間引く目安はこのくらい。

4 そのままだと毛先の重さが残り過ぎるので、エンズセニングで毛先を軽くし、なじみをよくする。

5 トップは毛先1/3の位置から、カットラインに平行のセニングを全体に均一に入れて、ウエーブのなじみをよくする。

6 サイドは3セクションでカット。1線目はテンプルポイントまでを薄めのスライスで取る。

7 毛先1/3に、縦にセニングシザーを入れ、なじみをよくする。

8 ただしここは取り過ぎるとラインに穴が空くので、前下がりのアウトラインが残るように、注意しながら切り進む。

9 ミドルセクションはSカールをはっきり出すために、余分な重さをとっておきたい場所。根元1/3から粗めに間引く。

10 間引く目安はこれくらい。

11 毛先にはエンズセニングを入れて、なじみをよくしておく。

12 ただし顔周りはあまり根元付近から入れると、短い毛が飛び出すので、根元1/2からにする。

13 ここも毛先はエンズセニングでなじませる。

14 トップは長さに対して毛先1/3のところから均一にセニングを入れ、毛先がなじむようにする。

15 セニング終了。

Part.2 | ボブベース

Perm Technique
パーマテクニック

Perm Design 2
Sカール
S-Curl

ワインディングの手順

バング▶トップ▶サイド▶ネープ▶バック〜バックサイドの順番で巻く。

パーマのポイント

クセ毛っぽいカール感にしたいので、リバースとフォワードをミックスさせながら、全体を長さに対して1.5〜2回転のスパイラル巻きで巻いていくことが大切。トップは太めのロッドで巻きこみ、ふんわりさせ、ネープは逆巻きで毛先側を動かす。

1. バングは26ミリでダウンステム、平巻きで1.5回転巻く。

2. トップは29ミリでアップステム、平巻きで2回転巻く。

3. 2本目(バック側)はややステムを落とし、同様に巻く。

4. サイドは20〜26ミリで、フォワードとリバースを左右、上下で交互に配置していく。1段目のフロント側1本目は20ミリでリバースのスパイラル巻き。

5. その上、2段目の1本目は26ミリでフォワードのスパイラル巻き。

6. その後は、フォワードとリバースを左右、上下で交互になるように配置していく。

7. ネープは17ミリで逆巻き。

8. バックサイド〜バックはリバースとフォワードを交互に。1本目は20ミリでリバース、2本目は17ミリでフォワードのスパイラル巻き。

9. このように、耳後ろからバックセンターに向かって、リバースとフォワードを交互に配置する。

10. 2段目は23ミリで、1段目と同様に、耳後ろからバックセンターに向かって、リバースとフォワードを交互に巻いていく。

ロッドオン

ボブベースにSカールは、
ミドルセクションを間引いて軽くし、
空気感を出す

重すぎず軽過ぎずの、クセ毛のようなゆるい束感が人気のSカールボブ。「どこに空気感を出すか?」がポイント。しっかり重さを取ったミドルを、オーバーとアンダーでサンドすることで、空気感のあるゆるい動きが出てくる。パーマ後に削ぐと質感が壊れるので、アフターセニングは極力しないことが大切。

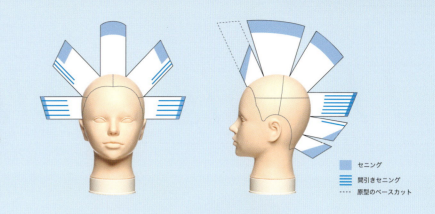

■ セニング
≡ 間引きセニング
---- 原型のベースカット

似合わせのポイント

もっとも似合うのは卵型の顔立ち。今っぽい雰囲気になる。面長の場合は、レングス設定をもう少し長くし、アゴラインが被る位置に動きを出すと輪郭をカバーできる。エラ張りの場合は、アゴからエラにかかる部分にボリュームポイントを持ってくるとバランスが取りやすい。

Part.2 | ボブベース

Thinnig Technique
セニングテクニック

Perm Design 3
ウエーブ

ave

原型のカットベースとの違い
サイドパートで頬骨にかかる長さの、重め＆長めバングにチェンジ。全体のレングスは原形より少し短い。

カットテクニックのポイント
ボリュームがあり、全体に束感と空気感を出したいスタイルなので、まずはベースの量感調節をしっかりすることが大切。その上で、トップ〜ミドルを縦スライスで間引いていく。束感がウエーブとなって出るように、Sカールの時より細かめに間引いていくようにする。

失敗しやすい点・注意点
ボブベースにはっきりしたウエーブ感を出したい場合は、根元1/3〜中間をしっかり毛量調節する必要がある。不足すると重さでIラインシルエットになってしまい、ウエーブ感が出ない。ただし毛先はすき過ぎないように注意。

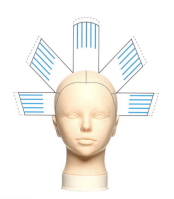
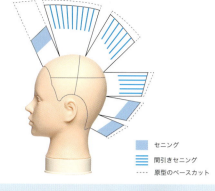

■ セニング
■ 間引きセニング
---- 原型のベースカット

切り上がり

1
ネープは毛先の収まりがよくなるように、パネルの中間から、カットラインに平行のセニングを入れる。

2
ミドルはウエーブを出すためのセクションなので、縦スライスで根元1/3からSカールよりも細かく間引いていく。

3
間引く目安はこれくらい。

4
同様にオーバーも、細かく繊細に間引いていく。パネルに対して、セニングシザーをできるだけ縦に入れていくこと。

5
間引く目安はこれくらい。

6
トップはウエーブの浮遊感を出すために間引く。ただし根元側にはあまり入れず、パネル1/2からセニング。

7
間引きの目安はこれくらい。

8
顔周りとなるサイドの第1セクションは、短い毛が飛び出しやすいので、ここだけパネルの1/2から間引く。

9
間引く目安はこれくらい。顔周り以外は、根元1/3から間引く。

10
その上の第3セクションも、顔周りだけは1/2から間引く。

11
顔にかかる部分は毛先をなじませたいので、この部分だけエンズセニングも入れる。

12
顔周り以外のパネルは、根元1/3から間引く。

13
表面になる部分は、短い毛が飛び出さないように、パネル1/2から間引く。均一に、細かく入れることを意識して。

14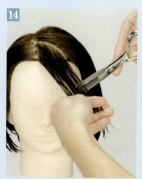
バングは1/2から、均一に繊細に入れる。シザーをきちんと縦に入れ、セニング跡が残らないようにすることが大切。

15
セニング終了。この段階でも束感が出やすくなっている。

Part.2 ボブベース

Perm Technique
パーマテクニック

Perm Design 3
ウエーブ
Wave

ワインディングの手順
バング▶トップ▶サイド▶バック▶ネープの順番で巻く。

パーマのポイント
パートをジグザグスライスで取り、バングも縦で巻くことがポイント。トップは放射状に、リバースとフォワードを交互に巻き、ミドルから下は、平巻きと逆巻きで巻く。ボブのパーマデザインは「トップをどう巻くか？」でデザインが大きく変わる。

1
バングはセンターよりやや右からジグザグスライスを取る。

2
23ミリと26ミリで、リバースに2回転、ややアップステムで巻く。

3
トップは放射状スライスを取り、フロント側は23ミリで2.5回転のリバース巻き。

4
その隣は20ミリでフォワード巻きをアップステムで交互に。

5
トップはこのように、リバースとフォワードを交互に、放射状に配置する。

6
サイドの下段は15ミリで、2.5回転の平巻き。上段は17ミリで2.5回転の逆巻き。

7
バックの上段は17ミリで、平巻きで巻きこむ。

8
中段は15ミリで、逆巻きに巻きこむ。

9
下段は13ミリで、平巻きに巻きこむ。

10
ネープは、センターからフォワードにきつめピンパーマで巻く。

ロッドオン

ボブベースにウエーブは、
根元1/3〜中間をしっかり間引いて、
全体の重さを取る

ウエーブスタイルは根元1/3〜中間をしっかり間引き、ボブの重さをきちんと取ることが大切。毛先ばかりすき過ぎるとフォルムが崩れるので、根元1/3からのセニングでコントロールする。重過ぎると、ウエーブが出てこない。シルエットはやや横広がりにし、Iラインにしないように注意。

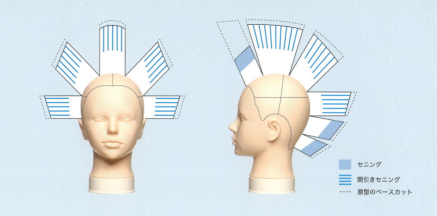

似合わせのポイント
このモデルのような丸顔を、大人っぽく見せたいなら、バングレスのデザインにするといい。逆にバングをつくればキュートな印象になる。反対に面長の場合はバングを作り、レングスもアゴ下に設定するとバランスが取れる。ウエーブで横幅のボリュームを出すことが大切。

Chapter 2

Base Cut Technique 3_Medium Layer Base

Cut Base 3

medium layer

×

3 Perm Design

もともと女性らしい雰囲気を持つミディアムのローレイヤー。パーマをプラスすることで、柔らかさや華やかさ、躍動感が加わり、よりフェミニン、よりスイートに変化させていくことができます。また抜け感やリラックス感をプラスすることも可能です。

カールの強さによってウエイト位置が変わるので、パーマ後にどこにウエイトが来るのかをきちんと計算してカットしましょう。スタイリングが簡単なのは、Sカール以上の形状のスタイル。Cカールはスタイリング力のある人向きです。

Part.3 ミディアムベース

Cut Base 3 ミディアムレイヤー

共通のカットベースとなる前上がりのミディアムレイヤー。フロントは、ここでは目にかかる長さのフルバングに設定。

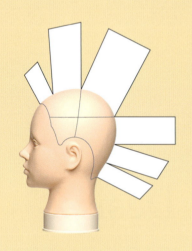

medium base

基本のカットベースとなる、ローレイヤーのミディアムスタイル。フロントから前上がりのレイヤーでスタートし、後ろにいくほど重くなるベーシックなレイヤースタイル。正面から見たときに、ひし形のフォルムになるように作る。フロントからバックにかけてのODのかけ方が大切。

base

Perm Design

Perm Design1 ミディアム×Cカール

Cカールの重なりで出す、
ミディアムならではのゆるふわ感

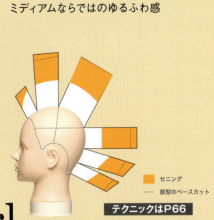

C-Curl

テクニックはP66

Perm Design2 ミディアム×Sカール

フェミニンな印象のSカールは
ミドルからしっかりカール感を

S-Curl

テクニックはP70

Perm Design3 ミディアム×ウエーブ

ゆるウエーブで人気の
「外国人風」ミディアムに

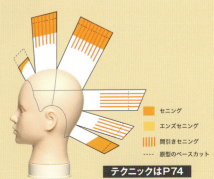

Wave

テクニックはP74

Part.3 | ミディアムベース

Base Cut Technique 3_Medium Layer Base

ミディアムレイヤーベース

Technique Point
3つのパーマスタイルに共通するローレイヤーのミディアム。フロントからレイヤーを入れ、バックに行くにしたがって徐々に後ろに重さが残るように、前へのODをかける。ミドルのODは、頭の丸みに沿って0度から90度まで、角度を扇状に移動させていくことがポイント。

medium

バックセクションの切り上がり。 a

1 耳位置でバックを2つに分け、みつえりまでは平行ライン、みつえりから前は、指1本分の前上がりにチョップカット。

2 その後、みつえり上のパネル全体を写真のようにCシェープし、イングラを入れて毛先の収まりをよくする。

3 バックすべて、1のラインをガイドに、1〜2と同様にカット。

4 イア・トゥ・イアより前は、さらに指1本前上がりでカット。

5 このように、やや前上がりのアウトラインを設定する。

6 トップからすべて放射状に下ろして5をガイドにカットし、アウトラインを設定。

7 顔周り2センチ分を、フェイスラインに沿ってスライスを取り、スライスに垂直に0度で引き出して、スライスと平行にチョップカット。

8 そのままの角度で、フロントセンターまで、頭の丸みを意識しながらカットする。

9 トップに幅2センチのモヒカンガイドを取り、前45度に引き出して、dをガイドに頭の丸みを意識してレイヤーを入れていく。

10 このような切り口になる。

アウトラインの切り上がり。バックの長さは、えり足から約10センチ。 b

c

逆サイドも同様にカットしたところ。これがレイヤーのガイドとなる。 d

Part.3 | ミディアムベース

フロント側ににレイヤーが入った状態。

11 頭の丸みに沿ったオンベースで引き出し、9をガイドにバックまで切り進む。

12 このような切り口になる。

13 フロント側を放射状スライスで取る。イア・トゥ・イアからオンベースで引き出し、12をガイドにチョップカット。

14 前に向かうにつれて角度を60度、30度と徐々に倒しながら、フロントのレイヤーにつないでいく。

15 ラストは0度で、フロントのレイヤーにつなぐ。

16 バックを放射状に引き出して、12をガイドにチョップカットで、レイヤーを入れる。

17 イア・トゥ・イアまで放射状スライスでレイヤーを入れていく。

18 ミドルにレイヤーを入れる。ここは角度を扇状に変えていく。

19 まず第1パネル目は、頭皮から30度にリフトアップして、トップとアンダーをつなぐ。

20 第2パネル目は60度にリフトアップ。

トップ全体にレイヤーが入った状態。

イア・トゥ・イアより前にレイヤーが入った状態。

切り上がり

21 イア・トゥ・イア上の第3パネルは90度にリフトアップ。

22 つまり19～21まで、このように扇状に角度が開くことで、ODが変化している。

23 第4パネルからバックセンターまではオンベースで切り進んでいく。

24 常に頭の丸みを意識しながら切っていくことが大切。

25 これはラストのバックセンター。

26 今切ったレイヤーと、トップのレイヤーのつなぎ目のカドを、少し取る程度にカット。より丸みをきれいに出す。

27 耳より下部分の、アウトラインとレイヤーの間のカドをチェックカット。より自然な丸みを作っていく。

28 ハの字スライスでややリフトアップしながらチェックカットする。

29 次にハの字スライスと逆のスライスを取り、クロスチェックをして、よりなめらかなカットラインを作る。

30 バングは奥行6センチで取り、目尻と目尻をつなぐ幅で、前に引き出し、目の上ギリギリで水平にカット。

バックにもレイヤーが入った状態。

切り上がり。頭の丸みに沿ったゆるやかな前上がりのレイヤーが入っている。

Part.3 | ミディアムベース

Thinnig Technique
セニングテクニック

Perm Design 1
Cカール

-Curl

原型のカットベースとの違い
原型よりもレイヤーは少なめ。フロントはほぼ同じ。

カットテクニックのポイント
ミディアムのCカールは、くるりとした内巻きではなく、レイヤー部分にかかったCカールの重なりで、ふわっとした質感とフォルムになることが肝心。そのため、カットベースの特徴を崩さないセニングを入れていくことが基本。毛先が内巻きに入りつつ、内側から動きが出やすいように、カットラインに忠実にセニングする。

失敗しやすい点・注意点
ミディアムで最も多いのが、毛先を削ぎ過ぎること。削ぎ過ぎて毛先の存在感がなくなってしまうと動きが出ず、Cカール特有のゆるふわ感とフォルムがつくれなくなる。ミドルは多めに削ぐが、削ぎ過ぎるとふんわり感が出ないので注意する。

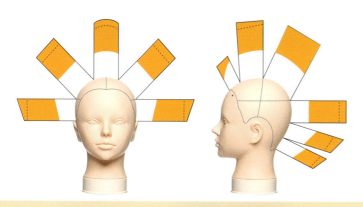

切り上がり

1. ネープは、中間からグラセニングを入れる。

2. このような削ぎ具合にする。

3. 軽くしたいミドルは根元1/3から、毛先を残し気味に平行セニング。

4. 削ぐ目安はこれくらい。

5. トップは中間から平行セニング。毛先まで入れることで、ミドルとなじみやすくする。

6. サイドのアンダーは根元1/3から中間部のみを平行セニング。バックと自然につながるようにする。

7. 削ぐ目安はこれくらい。

8. サイドのハチ周りも根元1/3から平行セニング。ここも毛先は残し、最後にドライで微調整する。

9. トップは中間から平行セニングを入れる。

10. バングは流しバングなので、第1線は1/2からグラセニング。表面には入れないようにする。

11. 削ぐ目安はこれくらい。

12. ヘビーサイドの流れの基点の所だけ、削いである状態。

13. ヘビーサイド。2線目からも1/2からグラセニング。ただし少なめに削ぐ。

14. ライトサイドはエンズセニングのみ。ここまででウエットセニングは終了。

15. ドライ後、サイドの毛先にエンズセニングし、切り口をなじませる。

Part.3 | ミディアムベース

Perm Technique
パーマテクニック

Perm Design 1
Cカール
C-Curl

ワインディングの手順
バング▶トップ▶サイド▶バック〜バックサイドの順番で巻く。

パーマのポイント
すべて内巻きの1.5回転で巻き下ろした、ボブのCカールに似たロッド配置。下ろし流しバングなので、バングを縦に巻くところからスタート。サイドはサイド、バックはバックの構成で考える。トップは太ロッドで巻き、ふんわりさせる。

1. バングはジグザグスライスを取り、1本目は20ミリ、流す方向に向けてややアップステムで毛先から1.5回転巻く。

2. 2本目は23ミリでオンベース、流す方向に向けて1.5回転。

3. その両端は、やや根元をリフトして、リバースにピンパーマ。

4. トップは、1本目は29ミリ、ややアップステムの平巻きで巻きこむ。

5. 2本目も29ミリ、アップステムの平巻き。

6. サイドの1本目は23ミリ、毛先から1.5回転の平巻き。2本目は26ミリで同様に巻く。

7. バックの1段目は20ミリ、ダウンステムで1回転の平巻き。

8. 2段目はバックセンターが23ミリ、1.5回転の平巻き。両サイドは20ミリ、フォワードに1.5回転の平巻き。

9. 3段目、サイド側は23ミリ、フォワードに1.5回転の平巻き。

10. バック側は26ミリ、フォワードに1.5回転の平巻き。

ロッドオン

ミディアムのCカールは、
ベースを崩さずに、
動きを内側から出すセニング

ミディアムのCカールは、レイヤーベース＋カールの重なりで、ロングやボブとは違う、ミディアムならではのカジュアルなゆるふわ感を作る。毛先が内巻きに入りつつ動きが出るように、カットラインに忠実なセニングを施すことが基本。動きを出したいミドルを多めに削ぎ、動きが内側から出るようにしていく。

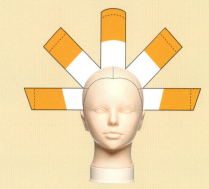
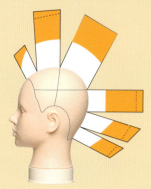

■ セニング
┄┄ 原型のベースカット

似合わせのポイント
Cカールはカジュアル＆フェミニンな雰囲気を作りやすく万人向けだが、首が短い場合はレングスを長めに設定。ハチ張りの場合はトップのレイヤーを少し多めにするとよい。エラ張りの場合は、Sカールやウエーブの方がカバーしやすい。

Part.3 | ミディアムベース

Thinnig Technique
セニングテクニック

Perm Design 2
Sカール

S-Curl

原型のカットベースとの違い
原型よりもアウトラインはやや長めで、レイヤーも多めに入っている。バングもグラが多めに入り、原形より重めになっている。

カットテクニックのポイント
ベースにレイヤーをしっかり入れ、カールの動きが出やすい状態にしておく。ミドルセクションに効果的にSカールをつけて、浮遊感とサイドのボリューム感を出すことがポイントなので、縦スライスの間引きテクを使う（ロングのSカールの場合も同様に使う）。オーバーは軽めに間引き、ミドルは根元1/3からしっかり間引く。

失敗しやすい点・注意点
セニング量が足りないためボリュームが出ず、Iラインになってしまう失敗がもっとも多い。Sカールのミディアムは、横のボリューム感を出し、ひし形のフォルムを作ることが大切。Cカールよりも、セニングは全体的に多めに施していく。

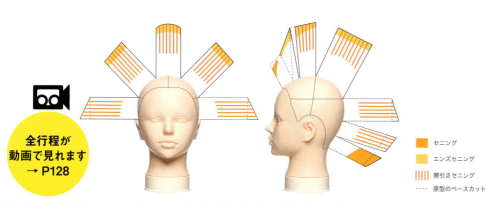

■ セニング
■ エンズセニング
||| 間引きセニング
---- 原型のベースカット

切り上がり

1. ネープのグラセニングは、中間から多め、深めに入れる。

2. 削ぐ目安はこれくらい。

3. ミドルは根元1/3から縦スラで、やや粗めに間引く。

4. 間引く目安はこれくらい。

5. トップは入れ過ぎないように注意しつつ中間から縦スラで間引き、毛先はエンズセニングでなじみをよくする。

6. サイドは3段に分けて、アウトライン側の1線目は毛先をなじませる程度に、毛先1/3から平行セニングを入れる。

7. 削ぐ目安はこれくらい。

8. フェイスライン際の0.5〜1センチは削がずに残す。ここも間引くと、顔周りに短い毛が飛び出してしまうため。

9. 2線目から上は、縦スライスで根元1/3から間引く。

10. 同様に上まで、縦スライスで根元1/3から間引く。

11. 間引く目安はこれくらい。

12. トップはバックと同様、中間から軽めに間引く。その後、エンズセニングで毛先をなじませる。

13. 間引く目安はこれくらい。

14. バングは下ろし流しバングなので、毛束をねじりながら、シザーの刃元で毛先だけ軽く削ぐ。

15. 削ぐ目安はこれくらい。これでセニング終了。

全行程が動画で見れます→P128

Part.3 ミディアムベース

Perm Technique
パーマテクニック

Perm Design 2
Sカール
S-Curl

ワインディングの手順

バング▶ネープ▶サイド▶バックミドル▶フロントサイド→オーバーの順番で巻く

パーマのポイント

ミディアムのSカールは、長さに対してしっかり2回転巻かないと、適度なカール感が出ない。小鼻の位置くらいからカールが出るとバランスがいい。ここではイア・トゥ・イア上だけをリバース巻きにすることで、少しラフさと抜け感を出している。

1 バングは1本のみ、26ミリの平巻き、ダウンステムで巻き下ろす。

2 ネープは縦スライスを取り、バックサイド〜バックセンターの順で、20ミリでフォワードに1.5回転巻く。左右同様に2本ずつ巻く。

3 サイドはフロント側からスタート。縦スライスを取り、23ミリでフォワードに2回転。その後ろは20ミリでリバースに2回転巻く。

4 逆サイドも同様に、フォワードとリバースに巻く。

5 バックミドルは23ミリでフォワードに2回転巻く。その隣は20ミリでフォワードに2回転巻く。

6 この要領でバックはオールフォワードで巻いていく。

7 オーバーセクションのフロント側は、26ミリでフォワードに1.5回転巻く。その後ろはリバースに1.5回転。

8 逆サイドも同様に巻いていく。

9 オーバーセクションの後ろ側は、26ミリでフォワードに1.5回転で巻いていく。

10 バックセンターまで同様に、フォワードに巻く。

ロッドオン

動きを出したいSカールは
レイヤーもやや多め。
縦スラの間引きで空間を

全体的に動きを出したいSカールは、ベースが重すぎるとカール感が出ないので、基本形よりレイヤーもやや多めに。セニングもCカールより多めにし、横のボリューム感を出す。特にミドルを縦スラの間引きでしっかり削いで、内側から浮遊感が出るようする。

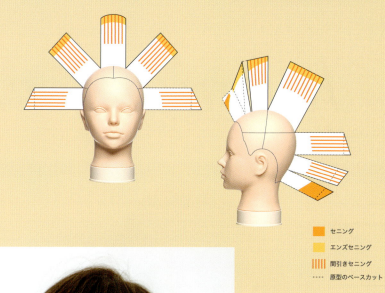

■ セニング
■ エンズセニング
||| 間引きセニング
---- 原型のベースカット

似合わせのポイント

Sカールは、顔周りに出るカール感の操作で、様々な輪郭に合わせやすいスタイル。エラ張りなら、エラよりも少し上からカールを出す。頬がコケている人は、サイドにボリュームを出して可愛らしくするとバランスがいい。アウトラインを平行にすればカジュアル、前上がりにすればフェミニンな印象になる。

Part.3 | ミディアムベース

Thinnig Technique
セニングテクニック

Perm Design 3

ウエーブ

ave

原型のカットベースとの違い
ウエーブで持ち上がるため、全体的に原型よりもレングスは長めにカット。バングはショートバングにチェンジ。

カットテクニックのポイント
基本形よりもアウトラインは水平気味、やや重めのボブっぽいベースにし、より外国人のクセ毛風に近づくようにしている。ポイントはミドルの縦スラの間引き。Sカールよりは細かめに施し、重めのベースに束感が出るように作る。

失敗しやすい点・注意点
ミドルはしっかり間引くが、ネープとトップは逆に削ぎ過ぎないことが大切。特にネープを軽くし過ぎると、ボブっぽいテイストが失われてしまうので注意が必要。ベースカットの形をキープしつつ、削ぎを入れることが大切なので、難易度はやや高めのスタイル。

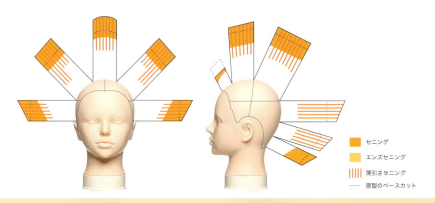

■ セニング
■ エンズセニング
||||| 間引きセニング
・・・・ 原型のベースカット

切り上がり

1 ネープは中間から平行セニングで重さをキープ。

2 削ぐ目安はこれくらい。軽くしすぎないようにする。

3 ミドルは縦スライスで根元1/3から細かく間引くが、毛先はやや残す。

4 間引く目安はこれくらい

5 トップは中間から細かめに間引き、毛先1/3は平行セニングでミドルへのなじみをよくする。

6 間引く目安はこれくらい。

7 サイドは3段に分け、1線目は中間から軽めに間引く。その後、毛先にはエンズセニングを入れる。

8 エンズセニング後。このような削ぎ具合にする。

9 2線目、ミドルセクションのフェイスライン際0.5センチは間引かず、毛先1/2から平行セニングでぼかす。

10 9以外は、縦スライスで根元1/3から細かめに間引く。

11 間引く目安はこれくらい。

12 トップは中間から縦スライスで細かめに間引く。

13 間引く目安はこれくらい。

14 ダブルバングなので、内側は毛束をねじって、毛先はしっかり削ぐ。

15 表面側は縦にシザーを入れ、毛先をなじませる。

Part.3 | ミディアムベース

Perm Technique
パーマテクニック

Perm Design 3
ウエーブ
Wave

ワインディングの手順
バング▶トップ▶ネープ▶サイド〜バックの順番で巻く。

パーマのポイント
全体をリバースとフォワードのミックスで巻き、ボリュームを出すが、ボリュームの欲しいところといらないところのステムを操作し、メリハリをつけることが大切。ウエーブスタイルなので、バングにもしっかりカールをつける。

1 バングは17ミリで平巻き、ややダウンステムで巻きこむ。その上は20ミリ、アップステムで1.5回転の平巻き。

2 ロッドの両隣は、ピンパーマのリフトカールでリバース巻き。

3 トップは26ミリで平巻き。1本目はややアップステムでバック方向に2.5回転。

4 2本目はアップステムで同様に巻きこむ。

5 ネープはバックサイドから。縦スライス、20ミリでフォワードに2回転巻く。

6 バックセンターも同様に、フォワードに2回転。逆サイドも同様に巻く。

7 サイドのミドルのフロント側1本目は縦スライス、20ミリでフォワードに2.5回転。その後ろはリバースに2.5回転巻く。

8 バックは23ミリでリバースに2.5回転。その隣は20ミリでフォワードに2.5回転。リバースとフォワードを交互に巻いていく。

9 その上のサイドは23ミリでリバースに2.5回転巻く。隣はフォワードに2.5回転。

10 バックの1本目は23ミリでフォワードに2.5回転巻く。その隣はリバースに2.5回転。リバースとフォワードを交互に巻いていく。

ロッドオン

外国人のクセ毛風ウエーブは、
表面と内側の削ぎの差を
しっかり出すことがコツ

しっかりカール感を出すが、あくまでもミディアムボブのベースを崩さない削ぎで、重めベースに強めのクセ毛風カール＝外国人風ウエーブにすることがポイント。アンダーやオーバーは削ぎを入れ過ぎずベースの形をキープ。ミドルはSカールより細かめに縦スラの間引きを入れて、ウエーブの束感を出す。

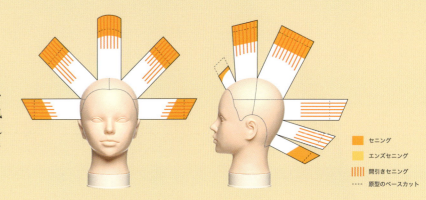

■ セニング
■ エンズセニング
|||| 間引きセニング
---- 原型のベースカット

似合わせのポイント

ミディアムのウエーブはおしゃれ感が高く、個性的なスタイルなので、インパクトがあるバングでもOKのスタイル。横のボリュームが出るので、ショートバングやアシンメトリーバングなどが良く似合う。ただし骨格的にハチが張っている人にはボリュームが出過ぎるので、Sカールをオススメした方が無難。

77

Chapter 2

Base Cut Technique 4_Long Layer Base

Cut Base 4

long layer

×

3 Perm Design

ストレートの時よりも様々なテイスト、年代、顔立ちに似合わせやすいのがロングのパーマスタイル。質感とボリューム感が加わることで、輪郭のカバーも容易になります。柔らかさ優しさ、抜け感などをプラスすることも、華やかさや力強さを演出することもできます。
基本的にロングのCカールは、ブローやアイロンを使う人の補助的なパーマだと考えましょう。ハンドドライのみで仕上げたいなら、Sカール以上のパーマにすることがオススメです。

Part.4 | ロングベース

Cut Base 4　ロングレイヤー

共通のカットベースとなる前上がりの
ローレイヤーが入ったロング。
パーマ後に頬骨〜アゴにカールが
かかるようにレイヤーを設定。

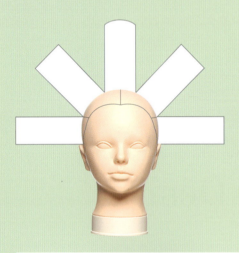

long layer base

3つのパーマの、基本のカットベースとなる前上がりのロングレイヤー。左右のレイヤーを均等にカットし、正面から見たときに左右のウエイトポイントが同じ位置に揃うようにすることが大切。また前上がりのレイヤーは、バックにレイヤーが入り過ぎるとバランスが悪くなるので注意しよう。

Perm Design

Perm Design1 ロング× Cカール

ブローでフェミニン、くずせば
カジュアルになる王道のCカール

セニング
原型のベースカット

テクニックはP86

C-Curl

Perm Design2 ロング× Sカール

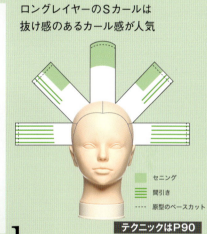

ロングレイヤーのSカールは
抜け感のあるカール感が人気

セニング
間引き
原型のベースカット

テクニックはP90

S-Curl

Perm Design3 ロング×ウエーブ

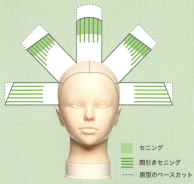

空気感のある動きが、華やかさと
立体感を演出するロングウエーブ

セニング
間引きセニング
原型のベースカット

テクニックはP94

Wave

Part.4 | ロングベース

Base Cut Technique 4_Long Layer Base

ロングレイヤーベース

Technique Point
ローレイヤーの前上がりロング。ロングレイヤーはフロントのファーストパネルの角度で、全体のレイヤーの入り方が決まるため、レイヤーの入れ方を慎重に見積もってからスタートすること。角度のキープと、オーバーダイレクション（＝OD）を正確にかけていくことがポイントになる。

long

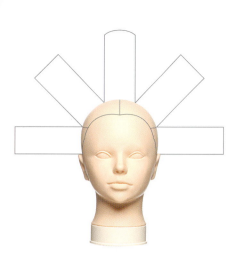
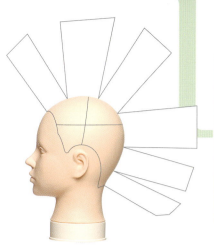

a ゆるい前上がりのアウトラインができた状態。

1 アウトラインを決める。えり足から25センチ下で、センターからみつえりまでを水平にカット。

2 みつえりより前は指1本分前上がりに切る。

3 サイドもバックの延長で、指1本分の前上がりでフロントまでカットする。

4 第1セクションをガイドに、トップまですべてカット。逆サイドも同様に。

5 顔周りからレイヤーを入れていく。生え際から2センチ幅のスライスを取り、スライスに垂直にローレイヤーの切り口でカット。

6 頭の丸みに沿ってローレイヤーを入れていく。

7 フロントセンターでは頭皮から0度の高さにする。

8 トップにモヒカンガイドを作る。センターからオンベースで引き出し、❻のフロントレイヤーをガイドにカット。

9 頭の丸みに沿わせながら、G.Pまでセイムレイヤーにカットする。

10 頭の丸みに沿わせて、切り口もこのように、ややラウンドさせることが大切。

b c フロントのレイヤーのガイドができた状態。逆サイドも同様にカット。

83

Part.4 ロングベース

11 イア・トゥ・イアをオンベースで引き出し、モヒカン部分をガイドにセイムレイヤーでカット。

12 イア・トゥ・イアより前は、パートから横スライスを取り、10をガイドにカット。前方に行くほどODをかける。

13 このような角度と切り口になる。

14 前方に行くほど、45度→30度と倒し、フロント1線目では頭皮から0度でカットする。

15 イア・トゥ・イアより後ろは放射状スライスでオンベースに引き出し、10をガイドにレイヤーカット。

16 このような角度と切り口になる。

17 この要領で、イア・トゥ・イアまでセイムレイヤーでカットする。

18 ミドルにレイヤーを入れる。トップのレイヤーとアウトラインをローレイヤーでつないでいく。

19 ここはパネル幅が広いので、上下2段に分けて切る。前方に引き30度にリフトアップして、❺のレイヤーをガイドにカット。

20 上のパネルも同様にカットする。

long

切り上がり

21	22	23	24	25

第2パネルは45度にリフトし、19〜20をガイドにカット。	イア・トゥ・イア上のパネルはオンベースでカット。このように、フェイスライン側から30度→45度→90度とリフトを変える。	30度→45度→90度とリフトを変化させるところを上から見る。これは30度。	これは45度。	これは90度のオンベース。

26	27	28	29	30

イア・トゥ・イアより後ろは、22をガイドにオンベースでカット。	バックセンターまで同様に切り進む。逆サイドも同様にカット。	ネープセクションは、アウトラインの厚みを削らないようにしながら角を取る。	バックを3つに分けて、上のレイヤーにつなげるイメージで角を取る。	その上のセクションも、29をガイドに切っていく。逆サイドも同様にカット。

バックセクションの切り上がり。

d

切り上がり。このベースに、目的のパーマの質感に沿ったセニングをプラスしていく。

e

85

Part.4 | ロングベース

Thinnig Technique
セニングテクニック

Perm Design 1
Cカール

C-Curl

原型のカットベースとの違い
トップとバングは原型よりも若干短く、ネープは少しグラデーション気味の重さを残している。

カットテクニックのポイント
Cカールのロングに必要なのはまとまりのある内巻きのカール感と、適度な空気感を出すセニング。ベースカットのレイヤーを正確に、きれいにつなげて切ることがもっとも大切で、そのカットラインに忠実なセニング（グラにはグラセニング、セイムレイヤーには平行セニング）を入れることが基本的な考え方となる。これはパーマをかけない場合でも同様。

失敗しやすい点・注意点
カットラインに忠実にセニングを入れていきさえすれば失敗しにくいのだが、毛量と骨格を意識しないと、毛先だけペラペラにしてしまうので注意。毛先に入れるのはドライ後のエンズセニングくらいで充分。

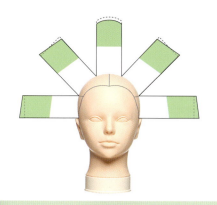
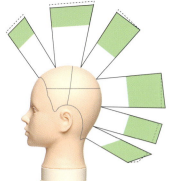

※スペースの都合上、実際よりもレングスを短く描いています。

■ セニング
---- 原型のベースカット

切り上がり

1 グラでカットされたネープには、中間からのグラセニングを入れて、さらに収まりをよくする。

2 このようにグラデーション状にシザーを動かしていく。削ぐ目安はこれくらい。毛量がとても多い場合は、ルーツセニングもプラス。

3 バック〜サイドのミドルセクションはセイムレイヤーなので、中間から均一に平行セニング。普通毛ならば開閉5〜6回が目安。

4 イア・トゥ・イアより後ろのアンダーとミドルセクションの切り上がり。毛量がとても多い場合は、ミドルにルーツセニングもプラス。

5 トップはセイムなので、毛先1/3にだけ平行セニングを入れて、毛先のなじみをよくする。

6 アンダーとミドルセクションに被さった時に、このくらいの量感になることが目安。

7 ミドルのイア・トゥ・イアより前はセイムレイヤーなので、中間から毛先にかけて、平行セニングを均一に入れる。

8 このように、中間から毛先にかけてシザーを開閉させながら移動。

9 イア・トゥ・イアより前のミドルセクション全体を、同様に平行セニングで削いでいく。

10 ここも中間から毛先にかけてシザーを開閉させながら、平行セニング。

11 イア・トゥ・イアより前のトップは、毛先をなじませるために毛先1/3から平行セニングを均一に入れる。

12 セニング終了。パーマをかけないストレートの場合でも、ここまでと同様のセニングを施す。

Part.4 ロングベース

Perm Technique
パーマテクニック

Perm Design 1
Cカール
C-Curl

ワインディングの手順
バング▶トップ▶サイド▶ネープ▶バックの順番で巻く。

パーマのポイント
根元はふんわり、毛先はくるんと内巻きになるように仕上げたいので、太ロッドでオールパーパスに近い配置にする。1.5～2回転を巻くロッド径を選択。ロングのCカールはロッド径と共に、薬剤でのコントロールも大切。

1

バングはジグザグスライスを取り、32ミリ、平巻きのダウンステムで1本巻きこむ。

2

トップはすべて32ミリで、平巻きで巻き込む。トップ1本目はややアップステム。

3

2本目はリバース方向に、ややアップステムで巻く。

4

3本目もアップステムで巻く。

5

サイドは下段29ミリ、上段32ミリで1.5回転の平巻き。共にややダウンステムで巻く。

6

ネープは26ミリ、ダウンステムで2回転の平巻き。

7

逆サイドも同様に巻く。

8

その上のバックは、1段目がややダウンステム、29ミリ、1.5回転の平巻きで巻く。

9

バックセンターとその両端の、3本を巻くことになる。

10

その上は32ミリ、ダウンステムで1.5回転の平巻き。

ロッドオン

ロングレイヤーにCカールは、カットラインに忠実なセニングで収まり感と適度な空気感を出す

まとまり感と空気感を出したいCカールは、まずベースのセイムレイヤーとグラを正確に切り、そのカットラインに忠実なセニングを入れていくことがポイント。毛量と骨格を常に意識してカットしないと、毛先だけペラペラになりやすい。まとまり感を出すためには「ベースを崩さないセニング」を心がける。

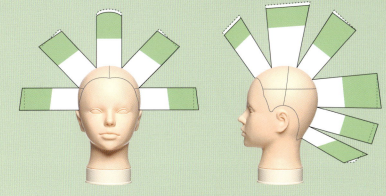

※スペースの都合上、実際よりもレングスを短く描いています。

■ セニング
---- 原型のベースカット

似合わせのポイント

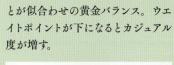

コンサバ系ロングの王道スタイル。ただしブローか巻きが必須のスタイルなので、ノンブローを望む方にはSカールのほうがオススメ。正面から見た時のフォルムをひし形にすることが似合わせの黄金バランス。ウエイトポイントが下になるとカジュアル度が増す。

Part.4 | ロングベース

Thinnig Technique
セニングテクニック

Perm Design 2
Sカール

S
-Curl

原型のカットベースとの違い
原型よりも全体のレングスはかなり長いが、レイヤーの入り具合はほぼ同じ。

カットテクニックのポイント
トップとネープはある程度重さを残し、軽くしたミドルを挟むようにする。ネープは毛先のブラント感をぼかす程度。ミドルは逆に、根元のほうから間引きセニングでしっかり軽くし、動きが出る状態にしてカール感を作る。トップは、ミドルの軽さになじみつつ、自然にカールがつながるように中間からセニング。

失敗しやすい点・注意点
ボブのSカールスタイルと考え方は一緒。ロングは、動きが欲しいからといってネープを軽くし過ぎると、毛先がスカスカになってウエーブのボリュームと勢いがなくなるので注意。ミドルで作った軽さを、上下でサンドする感覚で削ぐ。

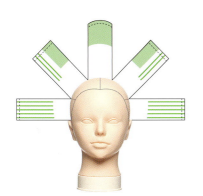
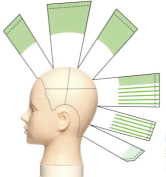

※スペースの都合上、実際よりもレングスを短く描いています。

■ セニング
≡ 間引きセニング
▨ エンズセニング
---- 原型のベースカット

切り上がり

1 ネープはある程度の重さが欲しい。グラの切り口に合わせてグラセニングを入れる。	2 その後、毛先にはエンズセニングを入れてなじみをよくする。	3 削ぐ目安はこのくらい。削ぎ過ぎないことが大切。	4 動きを出したいミドルは、縦スライスで根元1/3から中間までを間引く。	5 ここはやや粗めに間引くようにする。

6 間引く目安はこのくらい。	7 下ろした時の毛先の量感はこのくらい。	8 トップはミドルのカールになじませるために、中間から平行セニング。中間から毛先を自然にぼかすイメージ。	9 トップの間引き後の量感はこのくらい。	10 ミドルセクションの顔周りの第1線はあまり削がない。中間から毛先まで毛量を減らしつつ、毛先をなじませる。

11 2線目以降は、根元1/3から間引いていく。	12 間引く目安はこのくらい。	13 バックと同様、トップセクションは中間から毛先まで、ミドルのカールにつながるように中間からセニングを入れてなじませる。	14 バングはレイヤーとなめらかにつながるようにする。長さに対して半分の位置から、毛先がなじむように平行セニング。	15 毛先の量感の目安はこのくらい。セニング終了。

Part.4 ロングベース

Perm Technique
パーマテクニック

Perm Design 2
Sカール
S-Curl

ワインディングの手順

バング▶ネープ▶ミドルのサイド〜バック▶オーバーのサイド〜バックの順番で巻く。

パーマのポイント

ロングのSカールは、重さと軽さのメリハリをつけることが大切。長さに対してフォワードに1.75回転のスパイラル巻きを徹底。ただしイア・トゥ・イア上のみ、リバースに巻き、抜け感を出す。太いロッドでいかにしっかりかけるかがポイント。

1. バングは32ミリ、ダウンステムの平巻きで巻き下ろす。

2. ネープはすべて23ミリ、縦スライスでフォワードに1.75回転のスパイラル巻き。

3. このようにバックセンターからすべてフォワード方向に巻く。

4. ミドルセクションのサイドは26ミリ、縦スライスでフォワードに1.75回転。ただしイア・トゥ・イア上のみ、リバースに1.75回転。

5. イア・トゥ・イア以外は、バックサイドまで26ミリ、フォワードに1.75回転のスパイラル巻き。

6. バックセンターまで同様に巻いていく。

7. このようにバックセンターを境に、フォワード方向のスパイラル巻きとなる。

8. オーバーセクションのサイドは29ミリ、ミドル同様イア・トゥ・イア上以外はフォワードに1.75回転のスパイラル巻き。

9. イア・トゥ・イア上のみリバースに1.75回転のスパイラル巻き。

10. その後ろからはバックセンターまでフォワードに巻く。逆サイドも同様に。

ロッドオン

ミドルセクションの間引きがカギ。
Sカールは、軽さと重さを出す
部分のメリハリをしっかりと

Sカールは重くする場所、軽くする場所をはっきりさせたいので、セニングの入れ方もメリハリをつけることが大切。ネープは軽くし過ぎず、毛先のブラント感をぼかす程度に。ミドルがポイントで、縦スラの間引きセニングで空気感を作り、動きを出す。トップはほどよい軽さのバランスが必要なので中間からセニング。

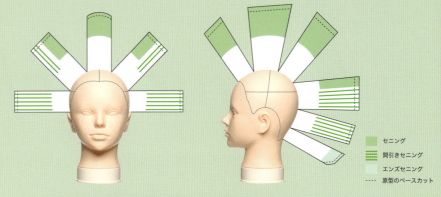

※スペースの都合上、実際よりもレングスを短く描いています。

似合わせのポイント
Sカールは、長めレングス（鎖骨下以上）にすると手入れがとても楽になる。バングの有る無しでかなり雰囲気が変わるが、丸顔ならバングは長めに、面長なら「下ろし流しバング」にすると似合わせやすい。首が短めな人には鎖骨より下にレングスを設定すること。

Part.4 | ロングベース

Thinnig Technique
セニングテクニック

Perm Design 3
ウエーブ

ave

原型のカットベースとの違い
原型よりもレングスは長めで、レイヤーも多めに入っている。ミドル〜バックはハイレイヤー。バングは深めで目ギリギリの長さ。

カットテクニックのポイント
ウエーブスタイルは、ベースカットの段階で基本よりも多めにレイヤーを入れて（ハイレイヤー）、ウエーブを出やすくしておく。ミドルセクションを中心に間引きセニングを入れて、パネルに隙間を作ることで、さらに動きとリッジが出やすくなる。いかに毛先を薄くしないで、軽さと動きを出すかがポイント。

失敗しやすい点・注意点
ミドルはハイレイヤー部分を間引きセニングするが、ボブと違って、あまり細かく間引き過ぎないことが大切。セニングが細かいと、ウエーブが細かくなってしまい、古い感じになりがち。

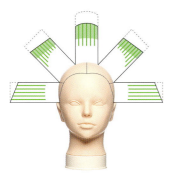
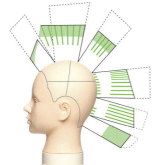

※スペースの都合上、実際よりもレングスを短く描いています。

■ セニング
■ 間引きセニング
--- 原型のベースカット

切り上がり

1
ウエーブは、ネープもある程度軽さが欲しいので、中間からの平行セニング。シザーを入れ2回ぐらい開閉。毛先には入れない。

2
削ぎ具合の目安はこれくらい。

3
一番ウエーブを出したいミドルは、バックに粗めのルーツセニングを入れ、全体を間引く。

4
間引く目安はこれくらい。

5
下ろした時の量感の目安はこれくらい。

6
トップは中間から間引いて動きを出しやすくする。中間から毛先まで均一に、ミドルよりは少なめに間引く。

7
間引く目安はこれくらい。

8
下ろした時の量感の目安はこれくらい。

9
サイドは2段に分けてセニング。縦スライスで中間から間引く。ただし毛先は間引かない。

10
間引く目安はこれくらい。

11
顔周りは短い毛を入れると飛び出してしまうので、中間から間引きを入れる。

12
トップは中間から軽く平行セニングを入れて、全体の毛量を調整してから軽めに間引く。

13
間引く目安はこれくらい。

14
バングは毛束をねじりながらセニングを入れ、毛先をぼかす。

15
バングを削ぐ目安はこれくらい。セニング終了。

| Part.4 | ロングベース |

Perm Technique
パーマテクニック

Perm Design 3
ウエーブ
Wave

ワインディングの手順

バング▶ネープ▶ミドルのサイド〜バック▶オーバーのサイド〜バックの順番で巻く。

パーマのポイント

フォワードとリバースをミックスさせて、ネープからすべてスパイラルで巻く。スタートは必ずフォワードからにすることで、ヘムラインにウエーブが出てくる。ステムは上げ過ぎないように注意し、太めのロッドでしっかりかけることが大切。

1

バングは26ミリ、1本のみ平巻きで巻き下ろす。

2

ネープは23ミリ、1本目のみつえり部分は縦スライス、フォワードに3回転のスパイラル巻き、

3

2本目はリバースに3回転のスパイラル巻き。逆サイドも同様に。

4

バックセンターではリバース同士が並ぶこととなる。

5

ミドルのサイドの、フェイスラインの1本目は24ミリのロングロッド、フォワードに3回転のスパイラル巻き。

6

2本目はリバース巻き。

7

3本目は再びフォワード巻き。これをバックセンターまで交互に繰り返す。逆サイドも同様に。

8

バックセンターではフォワード同士が並ぶ。

9

オーバーのサイドも同様。フェイスラインの1本目は26ミリのロングロッド、フォワードに3回転スパイラル巻き。

10

2本目はリバース巻き。これをバックサイドまで、交互に繰り返してゆく。

ロッドオン

レイヤー多め＋間引きセニングで
毛先の重さは残しつつ
内側は軽くし、ウエーブを出す

ウエーブスタイルは、レイヤーとセニングがしっかり入っているからこそ、きれいな質感が出る。毛先を軽くし過ぎず、いかに全体の軽さを出すかがポイント。基本形よりもレイヤーを多めに入れ、ミドルのハイレイヤー部分には縦スライスの間引きセニングを入れて、ウエーブのリッジ感が出るようにする。

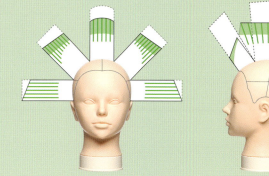

※スペースの都合上、実際よりもレングスを短く描いています。

■ セニング
■ ルーツセニング
≡ 間引きセニング
---- 原型のベースカット

似合わせのポイント
ロングのウエーブスタイルは大人っぽさが出せるデザイン。丸顔の場合は、レングスを長めに設定するとバランスがとりやすい。エラ張りの場合は、やや強めのウエーブで、スソにボリュームを出したほうが骨格をカバーできる。このモデルのような下ろし流しバングは、大多数の人に似合わせやすいのでオススメ。

Chapter

Bang Variation Technique

Bang Variation Technique

ベースカットとパーマが同じでも、バングを変えるだけで女性像はガラリと変わります。その人のキャラクターをどう表現したいのかによって様々な選択肢があるので、バリエーションの幅は広く持ちましょう。

またテクニック的には、かつてはバングだけストレートのまま残す、という時代がありました。今は一見ストレートに見えても実は巻いていて、ほんの少し毛先の丸さや立ち上がりをつくり「バング以外のパーマの質感になじませる」といった考え方が主流になっています。

Bang Variation
SカールのバングバリエーションS

ショートのSカール
Bang Variation

S-1 / S-1 / S-2 / S-3

3つのバングを比較してみると?

ショートはもともと、カジュアルでアクティブ、可愛らしさやボーイッシュな雰囲気を出しやすいスタイル。ウイッグのS-1（左モデルと同様）はサイドパートの長めバング。ショートの長めバングは縦の線が強調され、ぐっとクールな雰囲気になり、大人世代にも似合わせやすい。S-2は目ギリギリの深め・重めの流しバング。ショートのカジュアルさに「おしゃれ感」や「こなれ感」をプラスするファッション性の高いバングデザイン。S-3はP30のモデルのバングデザイン。かなり短いレイヤーのショートバングにすることで、ショートの持つキュートさや躍動感を前面に出すことができる。

ボブのSカール
Bang Variation

B-1 / B-1 / B-2 / B-3

3つのバングを比較してみると?

ボブはパーマの質感しだいでイメージがかなり変化し、さらにバングでガラリと女性像が変わる。B-1（左モデルと同様）は、サイドパートで、頬の位置でゆるくカーブする流しバング。リラックス感が出て「大人カジュアル」な雰囲気に。ややコンサバなイメージとなり、年齢も顔型も問わず、誰にでも似合うバング。B-2はラウンドのショートバングで、キュートさを強調したバング。若々しく個性的なデザイン。直線的だとより個性的になる。B-3はP50のモデルのバングデザイン。穏やかな曲線で流れる「下ろし流しバング」で、毛先に柔らかさがあるので、可愛らしくフェミニンなイメージ。誰にでも似合いやすいデザイン。

同じパーマでもバングのデザインを変えただけで、キュートにも大人っぽくもチェンジできます。ここでは最も多くの人に似合わせやすい「Sカール」を例に、バングのバリエーションを展開。もちろんCカールやウエーブにも応用できます。

ミディアムのSカール
Bang Variation

3つのバングを比較してみると？
ミディアム以上のレングスでは、フェイスラインにかかるカールやウエーブを、顔のどの位置に持ってくるかが重要。M-1(左モデルと同様)は6:4パート(センターパートでも可)で、両サイドがゆるく頬骨にかかるバング。カジュアルで抜け感があり、おしゃれ感を出しやすい。M-2はいわゆる「かきあげバング」。M-1に少し似ているが、こちらのほうがぐっと大人っぽい印象になる。クールで強い女性のイメージも出せる。M-3はP70のモデルのバングデザイン。ラウンドのフルバングで、同じミディアムでも可愛らしくガーリーなイメージに変化。毛先を柔らかくすると、誰にでも似合わせやすくなる。

ロングのSカール
Bang Variation

3つのバングを比較してみると？
ロングのフロントデザインは、顔型を問わず、カールを頬骨位置にかけることが小顔に見せる重要ポイント。L-1(左モデルと同様)は、アシンメトリーな斜めのショートバング(ダブルバング)。毛先に柔らかい束感を出しているので、個性的だが甘さのある雰囲気になる。L-2は奥行と幅をかなり広くとった、重めのフルバング。目ギリギリの長さでインパクトがあり、強さや個性を出したい人にオススメのモード感のあるデザイン。L-3はP90のモデルのバングデザイン。サイドパートでかなり長めのレイヤーバングは、クールで大人っぽい雰囲気になる。世代や輪郭を選ばず、誰にでも似合わせやすい。

Bang 1

サイドパートの長めバングは、クールで大人っぽい雰囲気

似合わせのポイント

縦のラインが強調されるので、丸顔や四角顔に似合いやすい。面長には避けたほうが無難。頬骨位置に毛先がかかるようにし、アゴ先を起点にひし形のフォルムになるようにウエイト位置を調整すると、バランスが取りやすい。ハチ張りにはトップのレイヤーで対応する。

ショートの
Sカール

Bang Variation

S-1

Bang 2

おしゃれ感とこなれ感のある、深め・重めの流しバング

似合わせのポイント

ファッション性の高いスタイルになるので、おしゃれ感度の高い人に向く。アゴが細い人にはとても似合う。面長、丸顔にもフィットする。メンズにもOK。重めバングだが毛先には透け感と束感を出し、ややマッシュっぽいラインでサイドにつなげることがポイント。

S-2

Bang Design_1

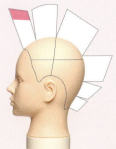

1. バングセクションを真下に下ろして、黒目と黒目の間のカドを削る。

2. 縦スライスでオンベースに引き出し、カドを削るイメージで、頭頂部とバングを自然につなぐ（どこで分けてもOKになる）。

3. 軽くし過ぎないように注意しながら、毛先1/3だけをねじりセニングする。

4. バングのカット終了状態。毛先のみ、やや軽くなっている状態。

5. ワインディングの前に、パートをジグザグに取っておく。

6. バングもゆるいSカールにしたいので、スパイラルで3本巻いていく。ライトサイド1本目は23ミリ、オンベースで巻く。

7. ヘビーサイドは1本目は20ミリ、オーバーステムで巻く。

8. ヘビーサイドの2本目は23ミリ、オンベースで巻く。

Bang Design_2

1. バングは、ベースカットの基本形よりもやや短くラウンドしたライン（コームで示したライン）に設定。

2. フロントセンターから、15度リフトアップして、チョップカットでラインをカット。

3. まずセンターを狭めのライン（黒目と黒目の間）でカットする。

4. ここからフロントサイドに自然につながるようにカットしていく。ここも15度のリフトで、軽くグラをつけながらチョップカット。

5. 逆サイドも同様にカットし、このような、重めのラウンドラインをつくる。

6. センターから縦スライスで床と平行に引き出し、毛先に深めのチョップカットを入れて、ランダムにぼかしていく。

7. 毛先をこのような削ぎ具合にする。

8. 前から、1本目は20ミリでダウンステムの1.75回転。2〜3本目は23ミリでアップステムの2回転。ジグザグパートで平巻きにする。

ボブの
Sカール
Bang Variation

Bang 1

**柔らかな抜け感が
おしゃれな長めバング**

似合わせのポイント

眉に少しかかる、サイドパートの長めバング。「ボブのウェーブ」のバングに似ているが、こちらのほうがカールがゆるいのでラフで抜け感があり、おしゃれな雰囲気になる。耳掛けスタイルにも向く。フェミニンな大人のカジュアル感が出て、年齢を問わず、誰にでも似合う。

B-1

Bang 2

**キュートな個性を発揮する、
ラウンドのショートバング**

似合わせのポイント

パーマ＋ショートバングは、甘さ、可愛らしさを出しやすい。これはラウンドでワイドなショートバングなので、よりキュートで個性的。ラインが直線的になればなるほど、より強いイメージとなる。顔が出る面積が広いので顔が大きい人、面長な人は避けたほうが無難。

B-2

Bang Design_1

1 レングスは口とアゴの中間の長さに設定。チョップカットで、毛先に少しランダムさを出しながらラインをカット。

2 毛流れを出すため、ヘビーサイドの毛をパート際に引き寄せ、1をガイドにカット。ライトサイド側も同様に、パートに寄せて切る。

3 バングの端1センチ分を、サイドの端1センチ分と、スライドカットで自然につなぐ。逆サイドも同様に。

4 バングを3等分し、流れやすくするためのセニングを、刃元を使い、柔らかく入れていく。右端は毛先のみにねじりセニング。

5 真ん中は毛先から1/3にねじりセニング(ねじりセニングにすることで、跡がつかない)。

6 左端は、中間からねじりセニング。これでバングがサイドに向かって流れやすくなる。

7 根元にほんの少し立ち上がりをつけたいので、ヘビーサイドのパート際から26ミリ、アップステムで流す方向に縦に巻きこむ。

8 ヘビーサイドは26ミリと29ミリ、ライトサイドは29ミリで同様に流す方向に縦に巻く。

Bang Design_2

1 イア・トゥ・イアまで奥行のある三角ベースを取り、センターに集め、いったん眉の長さでチョップカット。

2 このようなラウンドラインになる。

3 ここから細かめのチョップカットで、額の真中くらいの長さにカットしていく。このように2段階に分けて切ることが大切。

4 このようなレングスとラインにする。サイドとはつなげない。

5 厚みがあるので、縦に引き出して毛先にのみ平行セニングを入れ、なじみをよくする。

6 カット終了。厚みを残したワイドなショートバング。

7 バングの下段はピンパーマ。毛先が内巻き1カールのリフトカール(毛先に方向性をつけない)にする。

8 ピンパーマの上は、23ミリで平巻きに巻き下ろす。

ミディアムレイヤーの
Sカール
Bang Variation

Bang 1

**6：4パートで頬にかかる
おしゃれ度の高いバング**

似合わせのポイント
抜け感がありおしゃれな印象。センターパートでもOK(ハチ張りにはNG)。丸顔の場合はレングスをやや長めに。エラ張りはカールをアゴ付近に沿わせてフォロー。面長は頬骨ギリギリで、横に広げる。バングが主張しないよう、毛先はなじませることが大切。

M-1

Bang 2

**Sカール＋かきあげバングは
大人のカッコよさを演出**

似合わせのポイント
かきあげのバングは、大人っぽくかっこいい印象。カールが頬骨にかかるくらいがベストで、アゴより長いとバランスが取りづらい。また横幅も奥行も深めのほうが似合わせやすい。ハチ張りやエラ張りの人にも似合うが、面長や丸顔は避けたほうが無難。Cカールにもフィットするバングだが、ウエーブと組み合わせると、少し古い印象になりがち。

M-2

Bang Design_1

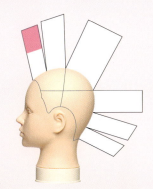

1
奥行は6~7センチ、横幅を黒目と黒目の内側で取る。口角くらいの長さでチョップカット。

2
サイドのレイヤーと自然につなげる。バングとサイドの接点を2センチ幅で引き出し、スライドカットでつなげる。

3
このように1センチ幅くらいでつながるようにしておく。あまり奥まで(下まで)つなげないことが大切。

4
逆サイドも同様につなげる。

5
トップのレイヤーとつなげる。カドだけを軽く削る感覚でスライドカット。セイムレイヤー状に削ってしまわないように注意。

6
バングにセニングを入れる。両端は毛先のみ、ねじりセニングを入れ、流れを出しやすくする。

7
真ん中は1/2からねじりセニングを入れる。流れが出やすくなる。

8
ジグザグスライスを取り、パート際1本目は26ミリ、両端はサイドの毛も入れながら29ミリで、流す方向にオンベースで縦に巻く。

Bang Design_2

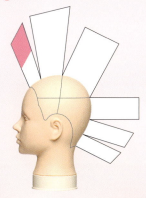

1
横幅を黒目と黒目の外側で取り、レングスは原型のまま。毛先のみエンズセニングでラインをぼかす。

2
少し動きを出したいので、リフトアップさせて、中間から平行セニングを入れる。全体に均等に入れること。

3
顔にかかった時の毛流れを見ながら、サイドとなじむようにエンズセニングで毛先をぼかしていく。

4
自然になじむように丁寧にセニング。

5
根元の立ち上がりが欲しいので、1本目をジグザグスライスで、やや広め、厚めに取る。

6
26ミリ、ややアップステムの平巻きで巻きこむ。ここで立ち上がりをしっかりつける。

7
2線目は29ミリ、アップステムでリバースに巻く。このとき、1本目との差がつき過ぎないように、やや前に倒し気味のステムで。

8
スライスを広め(サイドも少し入るくらい)に取ると、サイドとのなじみが良くなる。

ロングレイヤーの
Ｓカール
Bang Variation

Bang 1

アシンメトリーで個性的な、ショートのダブルバング

似合わせのポイント

短くアシンメトリーなダブルバングで、スイートだが個性的。誰にでも似合うデザインではないが、このモデルのような端正な大人顔に合わせると、ドラマチックな効果がある。ダブルバングは、生え際の毛流対策にも有効なテクニック。

L-1

Bang 2

ロングにモード感をプラスする重めのフルバング

似合わせのポイント

目ギリギリの長さで、厚め・重めのフルバングは、モード感が出る。ラウンド具合と毛先のぼかし加減が似合わせのカギで、直線的になればなるほど強さと個性が強調される。ロングはフロントでかなり雰囲気が変わるので、バングを作ると個性を出しやすい。

L-2

Bang Design_1

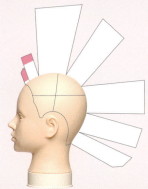

1. パートを起点に、奥行6〜7センチの変型バングを取り、流す方向に向けて、目ギリギリの長さでアシンメトリーなラインを設定。

2. このようにまずは毛流れに逆らわず、大まかにアシンメトリーのラインを作ることが大切。ここからダブルバングにしていく。

3. バングを2段に分け、内側を約1.5センチスライスで取り、セニングで軽くしながら、長さも短くしていく。

4. さらに毛先はスライドカットでなじみをよくする。

5. ダブルバングの内側は、このようにかなり短いアシンメトリーラインに。内側は、充分に軽くしておくことが肝心。

6. 外側は内側より1センチ程長く設定し、少し被さる長さに設定。セニングでラインを作るが、毛先だけを軽くする感覚でカット。

7. スライドカットで毛先にジグザグ感を出す。

8. フリーハンドのチョップカットで、毛先にザクザクした質感をプラス。

Bang Design_2

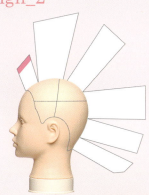

1. バングはパートを起点に、目尻と目尻を結ぶ幅で深めに取る。パートの中心線に集めて、目が隠れるぐらいの長さにカット。

2. ここから左右のサイドに向けて、自然なラウンドラインでつながるようにカット。

3. ゆるやかなラウンドラインにする。

4. 毛先に平行セニングを入れて、ラインをしっかりぼかす。

5. このように毛先は充分ぼかしてなじませるが、その上の厚みは残した状態に留める。

6. 厚みがあるので、バングは2分割して巻く。ジグザグスライスで上下に分ける。

7. 上段は29ミリ、アップステムの平巻きで巻きこむ。

8. 下段は26ミリで、ややステムを下げて平巻き。両サイドに残った部分は、流れる方向（外側）に向けて大きめのピンパーマ。

Chapter 4

Case Study

Case Study

素材への対応

パーマには、デザインの幅を広げるだけでなく、お客様の髪質の悩みを解決する役目もあります。ペタっとしてボリュームが出にくい髪、直毛過ぎて扱いにくい髪など、まさにパーマが威力を発揮するところでしょう。髪質の扱いにくさを解消すると同時に、パーマデザインの良さを知っていただければ、それがきっかけでパーマファンになることも大いにありえます。時には「お悩み解決」からパーマをアプローチしてみましょう。ここではその代表的な4つのケースと、解決テクニックをご紹介します。

Case Study
素材対応のケーススタディ

Case 1 つぶれがちなトップに、==オーバーセクションのパーマで適度なボリュームを出す==

Before

After

細くてネコッ毛、毛量も少なめなので、ボリュームが出にくい髪質。常にトップがつぶれがちで、フォルムが四角くなりやすい。トップにボリュームと立ち上がりが欲しい。

カットベースは基本のミディアムレイヤーベースだが、オーバーセクションのモヒカンラインにのみ湿熱系パーマで4本巻き、トップに適度なボリュームと立ち上がりを出した。

Case 2 ぺたりと張り付いてしまうバングを、==ポイントパーマでふんわりさせる==

Before

After

毛量、髪質共に普通。毛先には少しだけ前回のパーマが残っている状態。ただしバング部分が地肌に張り付くような毛流なので、ふんわりしたフロントデザインになりにくい。

ラウンドにカットしたバングの三角セクションのみ、ホット系のポイントパーマをかける。ポイントはバングを上下に分けて薬剤を塗り分けることと、巻き込みも変えていくこと。

ここではお客様の素材の悩みを解決する手段としてのカットとパーマを紹介します。デザインとしてのパーマ提案ではなく、
悩み解決のためのパーマも、パーマファンになってもらうきっかけとなりやすく、
年間サイクルの中にパーマを組み込む第一歩となります

Case 3 直毛過ぎて扱いにくい髪に、ホット系パーマで適度な動きとまとまり感を出す

Before

After

硬くて太くダメージレス。毛量も多いので、パーマがかかりにくい髪質。直毛で硬い雰囲気なので、カールをつけて動きや柔らかさを出したい。

基本のロングレイヤーベースにカット。かかりにくい髪にホット系パーマで動きとカールを出す。不要な部分には薬剤をつけないよう、最初にきちんとブロッキングしておく。

Case 4 あえてパーマをかけず、クセ毛を活かすセニング操作でパーマ風の質感を実現

Before

After

硬さは普通だが毛量が多く、クセ毛。ただしカットで動きや柔らかさを出しやすいクセなので、あえてクセを活かすカットを施し、パーマ風の質感を出す。

ベースカットは基本のショートベースとほぼ同じ。ただし不要なうねりを出す部分を間引き、ミドルとトップに動きが出るように、セニングで操作していく。

Case Study 1

つぶれがちなトップに、オーバーセクションのパーマで適度なボリュームを出す

1 トップからオンベースで引き出し、バングの長さに合わせてレイヤーを入れる。

2 1をガイドに、トップ全体に放射状にレイヤーを入れていく。トップにボリュームが出やすくなる。

3 トップは少しだけルーツセニングを入れて、根元が立ちあがりやすい状態にする。

4 根元から中間にかけて、このように細かいルーツセニングを入れる。ただしパート際には入れないこと。

5 ベースカット終了(トップ以外は、ミディアムのCカールと同様のセニングをしてある)。

6 ボリュームアップしたいので、トップセクションは、通常より横幅を広めにとることで、トップ全体がボリュームアップする。

7 ジグザグスライスを取る。湿熱パーマにするので、根元1センチを空けて専用の1液(システアミン系)を塗布していく。

8 バングの1本目は32ミリ、ややアップステムの平巻きで巻く。

9 2本目からは29ミリ、アップステムで平巻き。根元側のテンションをしっかりかけることが大切。

10 このようにトップセクションのみに4本巻く。イア・トゥ・イアより後ろは、バック方向に巻いている。

11 1本目はややアップステム、2〜4本目はすべてアップステムで巻き収めている。

12 普通ロッドの上に機器を被せるタイプの湿温式パーマ(クリップパーマ)をセット。

13 テストカール後、定着をよくするために中間水洗してから、ヘマチンの中間処理剤を塗布。

14 2液塗布。ロッド一本一本に丁寧に塗布すること。ここでは5分+5分の2度づけ

15 かかりあがり。根元から立ち上がりが分かる。

Case Study 2
ぺたりと張り付いてしまうバングを、ポイントパーマでふんわりさせる

1 バングは厚めに設定しているので、細かめのチョップカットを入れて、毛先を柔らかくしておく。

2 切り上がり。パーマ後、目と眉の中間の長さになるレングスに設定。

3 内側だけふんわりさせたいので、内側にグラセニングを入れ、重さを残しつつ毛量を削る。

4 セニング終了。バング以外は基本のミディアムレイヤーベース（P62）とほぼ同じにカットしてある。

5 バングに1液（システアミン系）塗布。ジグザグスライスで2段に分けて、下段はパネルの半分から毛先にのみ塗布。

6 上段は根元からふんわりさせたいので、根元1センチを空けて全体に塗布。

7 サーマルペーパーごと丸めて、軟化させる。ここでは10分で軟化チェック。

8 水洗後、1液塗布部分には、熱で反応するタイプの保湿剤を付けておく。

9 ジグザグスライスを取り下段は20ミリの平巻きで、自然に落ちる位置に巻き収める。上段は23ミリでアップステム。

10 2本とも巻き込むが、薬剤をつけた場所にしかカールは出ないので、ステムのコントロールが重要。

11 ロッドアウト。下段の毛先カールの上に、上段のカールがふんわり被さる状態になる。

12 カールを強化するため、1液塗布部分にヘマチンの中間剤を塗布する。

13 2液は1液塗布部分よりもオーバーラップさせて塗布し、しっかり酸化させる。

14 サーマルペーパーは小さめに巻いて、2液放置。ここでは10分。

15 仕上がり。バングがふんわり丸くカーブした状態になっている。

Case Study 3
直毛過ぎて扱いにくい髪に、ホット系パーマで適度な動きとまとまり感を出す

1
ベースはシンプルなローレイヤー。顔周りからレイヤーを入れた後、トップからオンベースで放射状にレイヤーカット。

2
サイドのミドルセクションから前45度に引き出し、毛先1/3を間引く。顔周り（写真）は、レイヤーセニングでなじませる。

3
バックまでミドルセクションを毛先1/3から間引く。トップは毛先1/3から平行セニング。アンダーは毛先のみ軽く削ぐ。

4
バングは毛先1/3からのねじりセニングで、少しだけ量を減らす。

5
セニング終了。アウトラインの重さはあまり取らず、中間を間引いて動きが出やすいようにしておく。

6
トップのモヒカンラインはあらかじめ分け取っておく。

7
ネープから巻く部分にのみ1液（システアミン系）塗布。サイドは鼻頭くらいから。

8
トップは下ろした時に毛先のパーマになじむよう、根元を指3本分空けた位置から塗布。

9
バングは厚みがあるので2段に分け、下段は1/2から、上段は根元を指1本分空けた位置から薬剤塗布。

10
ラップして軟化させる。自然放置13分。その後、流す。

11
バングはジグザグスライスを取り、下段はホット用20ミリでダウンステム。上段は23ミリで、アップステムの平巻き。

12
フロントから見た巻き上がり。左右対称に巻くことが大切。

13
ネープは20ミリの平巻き。その上は23ミリで、縦にフォワードに巻く。さらにその上の段は26ミリで、縦にフォワード巻き。

14
サイドは1本のみ、23ミリで平巻き。その上は縦で26ミリ、顔側がフォワード、イア・トゥ・イア上はリバースに巻く。

15
ロッドアウト。弾力のあるゆるやかなカール感が出て、中間から動きと柔らかさが出ている。この後、2液を塗布し、10分。

Case Study 4

あえてパーマをかけず、クセ毛を活かすセニング操作でパーマ風の質感を実現

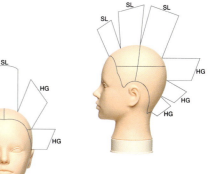

1 ショートの原型(P22)とほぼ同じカットベース。テンプルポイントから横スライスを取り、アゴに向かうラインでチョップカット。

2 1をガイドに、バックまですべて横スライスのグラデーションでカット。(ミドル15度、オーバー30度)

3 バングの長さにつなげて、トップ全体に、放射状にレイヤーを入れていく。

4 ベースカット終了。横スライスのグラデーションでカットされたグラボブになる。

5 バックも自然なグラが入り、丸みが出ている。

6 クセ毛を活かすセニングを入れていく。サイドから縦スライスで引き出し、根元1/3から粗めにしっかり間引くことで動きを出す。

7 ミドルは顔周りを避け、他は同様に粗めに間引く。

8 トップはなじませたいので、1/2から毛先に向かって間引く。

9 ネープは収まりをよくしたいので、グラセニングで毛先を落ちつかせる。

10 ミドルはクセによる動きを出したいので、中間から平行セニング。

11 トップセクションはなじませたいので、中間から毛先を平行セニング。

12 バングは軽くねじって中間からツイストセニングし、毛先をなじませる。ここは少し不ぞろいにしたほうが雰囲気が出る。

13 ウエット時のセニング終了。全体的に動きが出やすい=クセが出やすいセニングを施してある。

14 パーマをかける時と同じ考え方でセニングを入れると、クセを活かしやすくなる。

15 ドライ後、束感を強調するため、トップの根元からスライドカットを入れる。

Chapter 5
Styling Technique

Styling Technique

パーマをかけたら、最も適したスタイリング剤とその使い方をアドバイスする必要があります。これは医者が患者に薬を処方するのと同じこと。美容師はお客様のホームケア、セルフスタイリングにも責任を持つべきです。しかしチョイスしたスタイリング剤の特性やそのパーマへの必要性、使い方を、自信を持って説明できなければ、お客様は「店販品を押し付けられた」と思いかねません。まずは自分のサロンで扱っているスタイリング剤の特性を理解し、パーマとの相性を整理しておくことが大切です。

パーマのスタイリングのポイント

パーマの仕上げにはスタイリング剤の選択がかかせません。求める質感に対して適切な剤を選ぶことと、お客様に剤のアドバイスをすることは、医者が患者に薬を処方するのと同じくらい必要不可欠です。サロンで使っているスタイリング剤の特性と、パーマとの相性をよく理解しておきましょう。

質感・レングス別 パーマのスタイリング剤分布

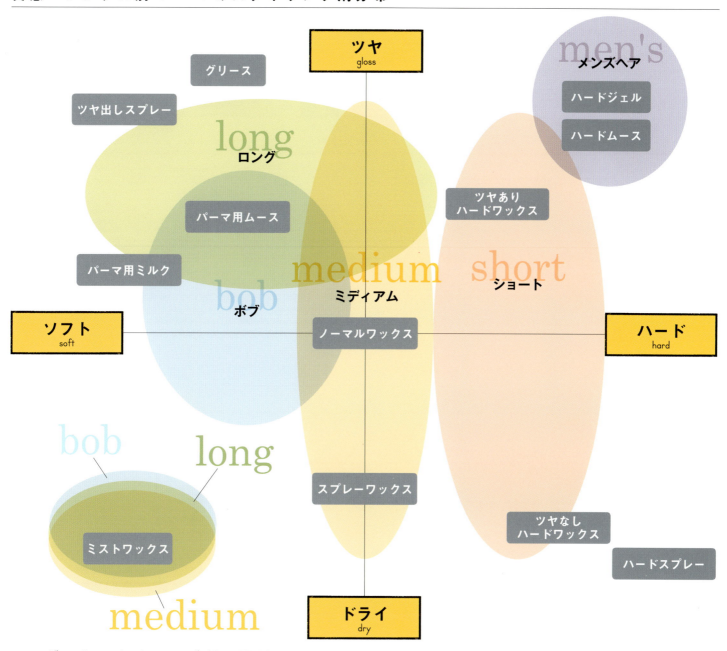

レングスとスタイリング剤の関係

ショート
少しセット力のあるスタイリング剤が適している（4つのレングスの中では一番強めのセット力）。通常、女性のスタイルにはあまりドライなものが好まれないが、ショートに関しては、ややドライな質感に仕上げてもおしゃれ。

ボブ
カールやウエーブでも面を感じさせるスタイルなので、ツヤを出すことが大前提。逆にセット力はあまり必要がない場合が多い。ただしウエーブの場合は、ノーマルタイプよりもやや強めのセット力があったほうがいい。

ミディアム
もっとも多彩な質感があるレングスなので、スタイリング剤の選択は幅広い。セット力はCカールからウエーブまで、ノーマルタイプでOK。ただしツヤありで柔らかく仕上げる場合もあれば、ドライタイプで外人風に仕上げる場合もある。

ロング
「ツヤがあって、ソフトに仕上がる」スタイリング剤が基本。Cカールの場合はツヤが出て柔らかく仕上がるものが良く、セット力はほとんど不要。Sカールとウエーブは、パーマ用ムースなどソフトなセット力のあるものが適している。

Styling Technique for Permed Hair

S Curl Short
フォルムを作りながら、カールをしっかり強調

data　普通毛・多毛・クセ毛・ダメージ少。

1. ハーフドライの時に、毛先にトリートメントタイプのベース剤をつけてなじませておく。

2. スクランチドライで、クセ毛風の質感に仕上げながらドライ。

3. 毛束を持ち上げ、内側の根元側もふんわりと立ち上げながら乾かす。

4. パール大程度のワックスを手に取り、手のひらでよくなじませる。

5. 中間から毛先にワックスをよくもみ込み、毛束感を出しながら、求めるフォルムに作っていく。

6. 空気感をキープする感覚で、軽めのセットスプレーを内側にふる。

S Curl Bob
ドライで抜け感のあるラフなカール感を演出

data　太毛・硬毛・クセ毛・ダメージ中

1. トップ全体を、根元の立ち上がりをつけながらドライ。

2. 毛先側はスクランチドライで、ラフなカール感を作る。

3. パサつきやすい髪なので、保湿効果のあるウェーブ用のベース剤を、内側全体にスプレー。

4. ドライな質感に仕上がるムースを、テニスボール大に取り、手のひらでよくなじませる。

5. 中間から毛先にもみ込みながら、空気を含ませるようにスクランチして、質感を作っていく。

6. パート際の根元にライトなスプレーをかけて、立ち上がりをキープ。

S Curl Medium
あくまでも軽く、ふんわりとしたカール感を作る

data | 細い・少ない・ネコッ毛・ダメージ中

1 根元に立ち上がりが出すため、頭皮用の美容液を根元にだけスプレーする。

2 毛束をつまみあげ、根元に立ち上がりがつくようにしながらドライ。

3 毛先を手のひらに丸めながら乗せ、カールをキープしながらドライ。その後、毛束を上下に裂く。

4 ミストタイプでパウダーの入っているセット剤を、毛束の内側に薄くかけていく。

5 スプレーワックスを良くふってから毛先にスプレーし、もみ込みながらカール感を出す。

6 空間を作るように毛束を持ち上げながら、ライトなハードスプレーを内側にふる。

S Curl Long
しっとりと上質なテクスチャーに仕上げる

data | 普通毛・多毛・直毛・ダメージ少

1 毛束を持ち上げて根元中心に乾かした後、毛先は手のひらの上でカールをキープしながらドライ。

2 ドライ後、毛束を上下に細く裂くようなイメージで、束感を作っていく。

3 ウエーブ用の美容液を、全体に薄くスプレーする。

4 ウエーブ用ムースをテニスボール大に取り、手のひらでよくなじませる。

5 中間から毛先にかけて、よくもみこみながら、カール感を出していく。

6 髪に空気を含ませるように、毛束を持ち上げながら、ライトなハードスプレーを全体に薄くかける。

All Style 4 Angle short

ショート
ベース
P18-37, P102-103

テクニックは P.26 ショートのCカール				
テクニックは P.30 ショートのSカール				
テクニックは P.102 ショートのSカール（バング・バリエーション）				
テクニックは P.34 ショートのウェーブ				

bob

ボブベース
P38-57, P104-105

テクニックは
P.46
ボブの
Cカール

テクニックは
P.50
ボブの
Sカール

テクニックは
P.104
ボブの
Sカール
(バング・バリエーション)

テクニックは
P.54
ボブの
ウエーブ

All Style 4 Angle

ミディアム レイヤーベース
P58-77, P106-107

テクニックは **P.66**
ミディアムのCカール

テクニックは **P.70**
ミディアムのSカール

テクニックは **P.106**
ミディアムのSカール
(バング・バリエーション)

テクニックは **P.74**
ミディアムのウェーブ

long layer

ロング
レイヤーベース
P78-97, P108-109

テクニックは
P.86

ロングの
Cカール

テクニックは
P.90

ロングの
Sカール

テクニックは
P.108

ロングの
Sカール
(バング・バリエーション)

テクニックは
P.94

ロングの
ウェーブ

All Style 4 Angle

素材対応のケーススタディ
P110-117

テクニックは
P.114

ケース1
トップに
ボリューム

テクニックは
P.115

ケース2
バングを
ふんわり

テクニックは
P.116

ケース3
直毛に
ホット系で
動きを

テクニックは
P.117

ケース4
クセ毛を
活かす

セニングテクの選択一覧表

ここではこの本で出てくるパーマの質感とベースカット別のセニングのテクニックの特徴を大まかに
まとめてみました。もちろん、デザインや髪質、似合わせなどによって、選択するテクニックは変わっ
ていきますが、質感ごとの特徴や法則を理解してインプットしておきましょう。

パーマの質感 ＼ ベースカット	ショートベース short	ボブベース bob	ミディアムレイヤーベース medium layer	ロングレイヤーベース long layer
Cカールスタイル C-Curl Style	毛先がはねるスタイルなので、動かしやすくするために、初めからチョップでカットする。アンダーと、ミドルセクションはレイヤーセニング。トップ～中間は毛先セニング。	毛先が内巻きにまとまるスタイル。ベースカットを正確に切り、イングラなどの細かい処理も重要。アンダーとミドルはグラセニング。トップは1/2～1/3の平行セニング。	内巻きスタイル。毛先はまとまるようにグラセニング。ミドルはルーツセニングで重さを取る(ミドルが重いとNG)。トップは毛先1/3のみ平行セニング。	王道のグラレイヤースタイル。グラの部分はグラセニング。レイヤー部分はレイヤーセニングと、カットラインに忠実なセニングを入れて、まとまり感を出すことがポイント。
Sカールスタイル S-Curl Style	クセ毛風の質感を出すスタイル。束感を作るため、ミドルセクションに横スライスの間引きセニングを入れ、アンダーとトップは、それになじませるためのセニングを入れる。	ラフな動きを出したいスタイル。ベースカットもチョップカットで動きが出やすいように切る。アンダーセクションは毛先が収まるようにグラセニング。ミドルとトップは、間引きセニングで隙間を作ることが大切。	今風ゆるふわカール。アンダーセクションは重みを残しつつチョップカット。ミドルの間引きは根元1/3から入れて、空気感がしっかり出るようにする。トップとミドルは、それになじませるために、毛先1/3から入れる。	もっとも人気が高いゆるカールスタイル。アンダーの厚みは中間から平行セニング。ミドルは間引き、オーバーは毛先1/2を平行セニング。ここもやはり、間引き方が重要。
ウエーブスタイル Wave Style	フワフワの質感でやや個性的なスタイル。レングスはやや長めに設定し、セニング入れ過ぎはNG。細かく間引きセニングを入れて、リッジ感を強調する。毛先が重すぎる場合は、最後に調整する。	ラフにもエッジを効かせたスタイルにもなるボブベースのウエーブは、ウエイトの作り方が重要。各世代のニーズを理解した上で、提案しないと失敗しやすい。セニングもどれくらい残せばいいのかを慎重に考える。間引き方がポイントになる。	全体を強めのクセ毛風に仕上げるので、間引きセニングを根元1/3から入れる。Sカールのスタイルよりもセニングを入れ過ぎないように注意すること。	強めのロングウエーブ。ただしセニングの入れ過ぎはNG。根元から量感を少しだけ取る感覚で。その他の部分は、リッジ感がしっかり出るように、間引きセニングを入れる。

セニングの基本テクニック

ここからはセニングの基本的なテクニックとその使いこなしを解説。
下記QRコードから動画で見られるので、実際のスピード、リズム、毛束の落ちる量などを確認しましょう。

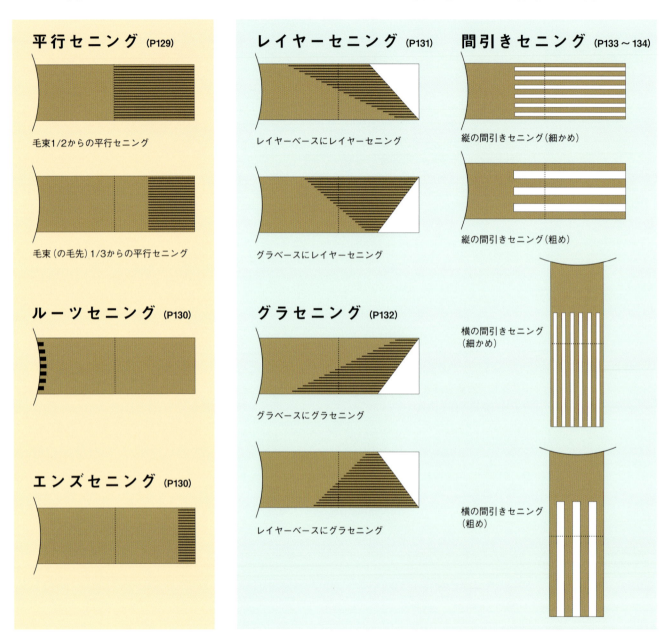

平行セニング (P129)
- 毛束1/2からの平行セニング
- 毛束（の毛先）1/3からの平行セニング

ルーツセニング (P130)

エンズセニング (P130)

レイヤーセニング (P131)
- レイヤーベースにレイヤーセニング
- グラベースにレイヤーセニング

グラセニング (P132)
- グラベースにグラセニング
- レイヤーベースにグラセニング

間引きセニング (P133〜134)
- 縦の間引きセニング（細かめ）
- 縦の間引きセニング（粗め）
- 横の間引きセニング（細かめ）
- 横の間引きセニング（粗め）

▶ このマークのテクニックは動画で見られます

P128〜135の「セニングの基本テクニック」は、こちらのQRコードから、すべて動画でご覧になれます。

- 平行セニング
- エンズセニング
- ルーツセニング

http://www.shinbiyo.com/9rep01/

- レイヤーセニング
- グラセニング
- 間引きセニング

http://www.shinbiyo.com/9rep02/

- セニング率の違い
- 正刃と逆刃の違い
- ボブのCカール (P47)
- ミディアムのSカール (P71)

http://www.shinbiyo.com/9rep03/

平行セニング

1 毛束1/2からの平行セニング

どんなときに使う？　どんな効果がある？

毛量を減らしたい、毛先をなじませたいときに使う。長さに対して毛先1/2からのセニング。「1/3からの平行セニング」に比べると、より毛量を減らすことができる。

🎥 Technique Point

長さに対して毛先から1/2の位置からスタート。毛先に向かってなるべく細かくセニングシザーを動かしていく。20％のセニングシザーであれば、普通毛なら5〜6回開閉が標準。2線目、3線目も同じ位置(平行)からシザーを入れていく。

平行セニング

2 毛束(の毛先)1/3からの平行セニング

どんなときに使う？　どんな効果がある？

毛量を減らしたい、毛先をなじませたいときに使う。長さに対して毛先1/3からのセニング。「1/2からの平行セニング」に比べると、より毛先がなじむ仕上がりとなる。

🎥 Technique Point

長さに対して毛先から1/3の位置からスタート。毛先に向かって細かくセニングシザーを動かしていく。20％のセニングシザーであれば、普通毛なら4〜5回開閉が標準。2線目、3線目も同じ位置(平行)からシザーを入れていく。

ルーツセニング

3 ルーツセニング

どんなときに使う？　どんな効果がある？

頭皮につくくらいの根元からシザーを入れる。根本的に髪の量を減らしたいときのみに使う。トップセクションに使うと、表面に短い毛が出てしまう可能性があるので注意。

Technique Point

頭皮につくくらいの根元からスタート。プツッ、プツッという比較的ゆっくりなリズムで削ぎ、20%のセニングシザーで普通毛なら、1パネル1~2回の開閉で充分。2~3線目も同じ位置(平行)から入れていく。入れ過ぎにはくれぐれも注意する。

エンズセニング

4 エンズセニング

どんなときに使う？　どんな効果がある？

通常、仕上がりの直前に毛先をよりなじませたいときに使う。毛先にのみ、なるべく細かく、毛先をなじませるようなイメージで、シザーを入れていく。

Technique Point

毛先にのみ、セニングシザーを細かく、ラインをぼかすような感覚で入れていくと、仕上がり時に毛先がよりなじむようになる。

レイヤーセニング

5 レイヤーベースにレイヤーセニング

どんなときに使う？ どんな効果がある？

レイヤー状のカットラインに対して、セニングシザーもレイヤー状に入れていく。レイヤーの軽さや動きをより強調する仕上がりになる。

🎥 Technique Point

パネルの上部は根元から1/3からスタート。徐々に毛先側に移動させながら開閉。2線目は中間くらいから毛先に向かって進む。ラストの3線目はさらに毛先側からスタート、というように、セニングラインがレイヤー状になるように入れる位置をずらしながら進む。

レイヤーセニング

6 グラベースにレイヤーセニング

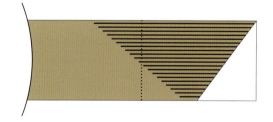

どんなときに使う？ どんな効果がある？

グラデーション状のカットラインに対して、レイヤー状のセニングを入れていく。グラで切って収まりがよいベースに、ほんの少しだけ軽さや動きを加えたい時に有効なテク。

🎥 Technique Point

パネルの上部の根元1/3からセニングシザーを入れ、毛先に向かって開閉させていく。2線目は中間から、3線目は毛先1/3からと入れる位置を変えて、セニングがグラデーション状になるようにする。

131

グラセニング

7 グラベースにグラセニング

どんなときに使う？　どんな効果がある？

ボブなど、グラデーションで毛先の収まりが良いように切ってあるスタイルを、より収まり良く仕上げたい、少しだけ厚みを残したい時に、とても有効なセニング。

▶ Technique Point

グラデーションのパネルの毛先 1/3 からセニングシザーを入れ、毛先に向かって開閉させていく。2 線目は中間から、3 線目は根元 1/3 からと入れる位置を変えて、セニングがグラデーション状になるようにする。シザーの開閉はなるべく細かく行うようにする。

グラセニング

8 レイヤーベースにグラセニング

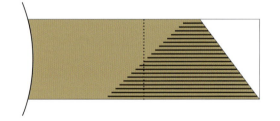

どんなときに使う？　どんな効果がある？

レイヤーでカットして動きが出やすいベースにグラセニングを入れることで、軽過ぎず、やや重めのレイヤーになる。レイヤーを軽くし過ぎたくない時に有効。

▶ Technique Point

レイヤーのパネルの上部の毛先 1/3 からセニングシザーを入れて、毛先に向かって開閉させていく。2 線目は中間から、3 線目は根元 1/3 からと入れる位置を移動させ、セニングがグラデーション状になるようにする。

間引きセニング
9 縦の間引きセニング（細かめ）

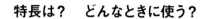

特長は？　どんなときに使う？

パネルに対してシザーを根元1/3、1/4くらいから入れ、その根元付近のみで刃先を開閉。毛先にまでは入れないこと。根元付近に空間を作り出し、毛先は残るので、パーマをかけた時に動きが出やすくなるしくみ。

📹 Technique Point

縦スライスで間隔を細めに間引くテク。ウエーブスタイルや、リッジがしっかりあるパーマスタイル、クセを活かしたい時などに有効なテクニック。毛量が少ない人のパーマにも有効。

間引きセニング
10 縦の間引きセニング（粗め）

特長は？　どんなときに使う？

「細かめ」と同様、パネルに対してシザーを根元1/3、1/4くらいから入れ、その根元付近のみで刃先を開閉。ただし間隔は「細かめ」よりも広く大きくする。このとき毛先にあまりにも重さが残る場合は、後から毛先のみエンズセニングを入れるといい。

📹 Technique Point

縦スライスで間隔を粗めに間引くテク。ゆるいウエーブ、欧米人風のクセ毛風をつくるときに有効。入れたところと入れないところのメリハリがつくので大きな動きが出やすい。

間引きセニング

11 横の間引きセニング（細かめ）

Technique Point

横スライスの間引きセニング（細かめ）は、ショートスタイルにウエーブをしっかり出したい時に、ミドルセクションに使うことが多い。顔周りの第1線には入れないようにする。

どんな特長？どんな時に使う？

横スライスで取り、根元1/3〜1/4から縦にシザーを入れ、その根元付近でのみ開閉させる。入れたところと入れないところの差がはっきり出るようにすることがコツ。毛先には入れない。間隔は狭めに入れていく。横のゆらぎが欲しい時に有効。

間引きセニング

12 横の間引きセニング（粗め）

Technique Point

「細かめ」より粗めに間引くので、ショートスタイルに束感をしっかり出したい時に有効なテクニック。やはり顔周り第1線には入れないようにする。

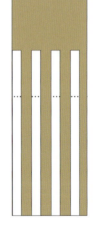

どんな特長？どんな時に使う？

横スライスで取り、根元1/3〜1/4から縦にシザーを入れ、その根元付近でのみ開閉させる。毛束をやや厚めに取って、「細かめ」よりも間隔を粗めにし、毛束が残る量を多めにするイメージで間引いていく横のゆらぎが欲しい時に有効。

セニングシザーの選び方、考え方

一口にセニングシザーと言っても、削ぎ率の違いはもちろん、ミゾの形状の違いによっても削がれ方が変わります。
ここではセニングシザーの基本的な特徴と使い分けを説明します。

削ぎ率10%　　削ぎ率20%　　削ぎ率30%　　削ぎ率40%

削ぎ率10%　　削ぎ率20%　　削ぎ率30%　　削ぎ率40%

※すべて中間から4回開閉したときの、毛量の変化です。削ぎ率の違いで、減り方は大きく変わります。

13 削ぎ率&ミゾの形状の違いとその使い分け

今回のテクニックではすべて20%のセニングシザーズを使用していますが、サロンワークでは削ぎ率の違う4本を、以下のように使い分けています。
削ぎ率10%…最終的な質感調整や、バングなどほんの少しだけ削ぎたい場合に。
削ぎ率20%…すでに削ぎが入っている人に対しては、最も基本となる削ぎ率。
削ぎ率30%…新規で毛量調節があまりなされていない人、毛量が多い人に。
削ぎ率40%…毛量が非常に多い人、または男性のお客様に。
ただし削がれ方は削ぎ率だけでなく、ミゾの形状（右図参照）によっても異なります。自分の使っているシザーの特徴をもう一度確認しておきましょう。初心者は削ぎ率20〜30%を基準に、ミゾが斜めになっているタイプをチョイスしたほうが仕上がりがきれいです。

ミゾの形状のちがい

❶　❷　❸　❹

❶ミゾなし
あまり切れない。

❷ミゾが深い
ミゾが深いほうがしっかり削がれるが、跡も残りやすい。

❸ミゾが浅い
深いものほどは切れないが、跡は残りやすい。

❹斜めで細かいミゾ
髪へのあたりが柔らかい。最近はこれが主流。

14 正刃と逆刃の違い

セニングシザーはクシ刃が静刃（棒刃）側についている「正刃」と、動刃側についている「逆刃」の2種類があります（兼用タイプも有）。逆刃は、パネルに対してスライドさせながら切る技法に向き、正刃は1回1回パネルからシザーを離しながら削いでいく技法に向いています。どちらが良いという問題ではなく、自分の技法に合ったシザーをチョイスすることが大切です。

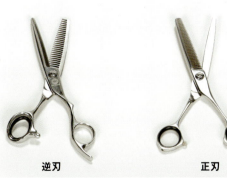

逆刃　　正刃

 このちがいは動画で見れます。→

http://www.shinbiyo.com/9rep03/

Message おわりに

パーマのストーリーを組み立てて
お客様への年間提案サイクルに組み込んでいく

　パーマをもっと提案したい、でもお客様に上手くパーマをアピールできる自信がない…といった悩みをよく聞きます。お客様がパーマをかける最初のきっかけは、美容師が作るべきもの。しかし今の時代、「今日はパーマをかけてみます?」というようなアプローチでは受け入れてもらえません。僕は、パーマを提案する上でもっとも大切なのは、「パーマのストーリーを思い描ける」「そのストーリーをお客様に説明できる」ことではないかと思います。パーマをかけたらこんな風に素敵になる、こういうこともできる、1~2か月後はこう変化して楽しめる…という具体的なイメージを、お客様に抱いてもらえるかどうかです。それにはまずビジュアルで示すことが肝心。「この方はパーマが似合うはず」と思うのなら、仕上げのときにアイロンでそのカール感を作ってあげる。ボブやショートなら、クセ毛風のスタイリングにしてみる。さらに、写真を使って似合うと思うパーマヘアを説明する、など「パーマをかけると自分はこうなる」という具体的なイメージを持ってもらうことがスタートです。

　そもそもパーマ比率やリピート率が上がらない美容師は、パーマを「デザイン」としてしか捉えていない場合が多いのです。リピートされるパーマとは、デザイン面の変化だけではなく、「手入れがラク」「悩みが解決した」というメリットを持つもの。例えばお客様の悩みが「直毛過ぎて流れないバング」ならば、初回はアイロンで巻いてあげる。2回目はバング1本だけ巻くパーマを提案。3回目は全体にゆるくクセ毛風の質感がつくパーマ、4回目はパーマの質感を活かすカット…といっ

た段階を踏み、徐々にパーマのメリットや楽しさを分かっていただくストーリーを組み立てましょう。「リピートされるパーマ」になるということはパーマの良さを分かっていただいた、ということ。そこから先は、悩み解決だけではなくデザインとして楽しむパーマも受け入れてもらえるようになるはずです。

　実際、どのようにパーマを年間提案サイクルに組み込んでいるのか、その具体例を右に挙げてみました。一般的には暑くてドライヤーを使いたくない夏(7月)と、ちょっと華やかな気分になるクリスマス前(12月)は、パーマをオススメしやすい時期です。しかし一度パーマファンになってくださった方々のパーマは、目的もサイクルも様々であることが分かると思います。

　大切なのは、お客様1人ひとりのニーズに合わせた、パーマのストーリーを描けること。そのために必要な技術を習得し、自信を持ってそのストーリーをお客様に提案できること。この本にある「求める質感に合わせた最適なセニング」をマスターすれば、お客様にリピートされる「手入れがラク」「持ちがいい」「傷みが少ない」パーマが必ず手に入ります。あとは、あなたがそのお客様にどんなパーマストーリーを展開できるかです。いつの時代もパーマは、曲線で女性を優しく柔らかく、女らしく見せることができるテクニックです。この本を元に、パーマを年間サイクルに組み込み、あなたのお客様の1年間を、そして一生を、より女性らしく素敵に彩ってあげてください。

中野太郎 (MINX)

お客様への年間提案サイクル
ケース別アプローチ例

Case 1 Aさん
Profile 30代会社員、既婚。仕事と家庭の両立でとても忙しい。

ヘアスタイルと髪質
ここ数年はミディアムレイヤーだが、硬くて直毛ではねやすいのが悩み。朝のスタイリングをラクにしたいので、ずっとパーマをかけ続け、年間を通してパーマスタイルを楽しんでいる。平均して1.5か月に一度の来店。

パーマの考え方とそのアプローチ
悩みを解決する目的と共に、デザインとしてのパーマが気にいっている方なので、なるべく「長持ちするパーマ」「傷みにくいパーマ」を提案する。

基本的には3～4か月に一度のホット系パーマで、Sカールからウエーブくらいのパーマをオススメする。最初はやや強めにかけて、取れていく過程も楽しめるように、カットでメンテナンスしていくと共に、カールの形状に合わせたスタリング剤も、適時アドバイスしていく。

年間提案サイクル

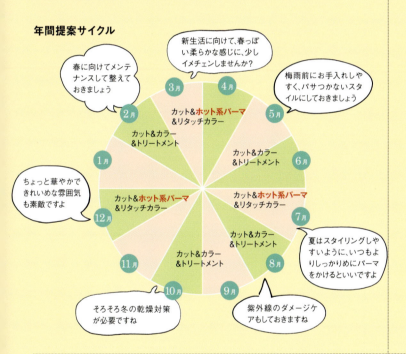

Case 2 Bさん
Profile 50代会社員、既婚。
仕事の傍ら、テニスや登山など、多趣味でアクティブなライフスタイル。

ヘアスタイルと髪質
ショートのグラボブが定番だが、エイジングによる薄毛、細毛化が進み、フォルムがキープできない。すぐにペタッとしてしまい、ボリュームが出ない悩みをパーマで解決している。約2か月ごとに来店し、毎回パーマをかけている。

パーマの考え方とそのアプローチ
求めているのは、デザインというよりは、悩みを解決し、扱いやすくするためのパーマなので、毎回違った提案をすると逆効果。いつものスタイルが気にいっているので、たまにアクセントを加える程度でいい。2か月ごとのパーマで、根元のボリュームを出すことと、傷ませないことが大切。

根元のボリュームが欲しいので、コールドパーマのC～Sカールがメイン。トップはアップステムで巻きこんで、しっかりと立ち上がりを出す(ホット系では根元のボリュームがなかなか出せない)。

年間提案サイクル

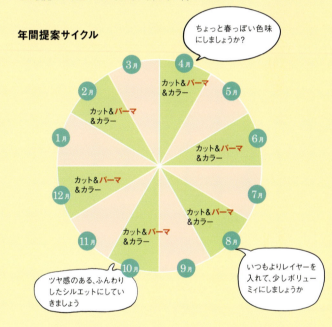

Case 3 Cさん
Profile 20代学生。未婚。おしゃれが大好きな大学生。
ヘアとメイクの流行にも敏感。ヘアアレンジも得意。

ヘアスタイルと髪質
ボブから伸ばしてここ2年はロングヘアだが、直毛で変化がつけにくい髪質。まとめ髪にしたり、アイロンで巻くこともあれば、ストレートタッチのダウンヘアにしていることもある。直毛過ぎて扱いにくいので、バングだけは常にパーマをかけることにしている。1.5～2か月毎に必ず来店。

パーマの考え方とそのアプローチ
デザインに変化をつけるためのパーマという位置づけ。アレンジをしやすくするために、基本的にいつもパーマヘアにしているが、フルパーマは年に2～3回。バングは毎回ポイントパーマをかける。

デザインによって様々なテクの選択肢がある。ホット系だけでなく、コールドやクリープパーマでもいい。

年間提案サイクル

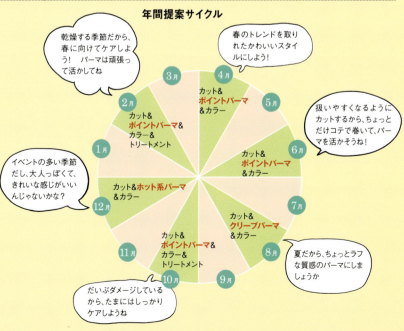

137

セニングで作り分ける1カットベース×3パーマ
9割リピートする パーマのセニング術

Profile

中野太郎（MINX）
Taro Nakano

宮城県出身、東京美容専門学校卒業。同校の教員を経て1997年にMINXに入社。現在、青山店代表＆ディレクター。教員経験に基づく理論的で分かりやすい教育法に定評があり、国内、海外で幅広いセミナー活動を展開。接客、コミュニケーション術のセミナーやサロンスタイルセミナー、SNS対策セミナー、クリエイティブフォトセッション、と活動の幅の広さはMINX随一。サロンワークでも様々な世代、ジャンルの女性から圧倒的支持を得ており、顧客数売り上げ共にMINXトップクラス。店販売り上げも、8年連続No.1をキープしている。その一方で、モードでエッジの効いたクリエイティブな作品づくりも得意とし、MINXのヴィジュアルイメージの作品や各業界誌の表紙や巻頭ページを数多く担当する。2015年JHAニューカマーオブザイヤーノミネート。

All Hair & Technique
中野太郎 Taro Nakano_MINX

Make-up
菅原静香 Shizuka Sugawara_MINX

MINX Staff
安田幸由 Yukiyoshi Yasuda
加茂愛仁 Naruhito Kamo
吉田孝弘 Takahiro Yoshida
後藤晃成 Kousei Goto
土田明莉 Akari Tsuchida_ All members are MINX

Costume Stylist
森外玖水子 Kumiko Morisoto

Art Director
大塚 勤 Tsutomu Otsuka_COMBOIN

Illustration
オオツカユキコ Yukiko Otsuka

Photographer
酒井風太 Futa Sakai_Shinbiyo Shuppan

Editor
佐久間豊美 Toyomi Sakuma_Shinbiyo Shuppan

Costume
KAMISHIMA CHINAMI 青山店（KAMISHIMA CHINAMI／KAMISHIMA CHINAMI YELLOW）
〒150-0002 東京都渋谷区渋谷2-8-17　☎03-5778-4886

CHLOE STORA for MY PAN'S／INCONTRO
〒151-0051 東京都渋谷区千駄ヶ谷2-7-9　☎03-5411-6526

Lourmarin・CITRUS／RIVER SIDE MARKET & GALLERY
〒153-0051 東京都目黒区上目黒1-14-6　☎03-5456-7010

（株）リタルダンド（tiny dinosaur）
〒151-0066 渋谷区西原1-15-5　WHITE HOUSE A棟　☎03-6804-7629

定価（本体3800円＋税）検印省略
2016年7月15日（第一刷発行）

著者　中野太郎(MINX)

MINX Office
〒107-0062 東京都港区南青山6-11-3 神通ビル603　☎03-3498-3770

発行者　長尾明美

発行所　新美容出版株式会社
〒106-0031　東京都港区西麻布1-11-12

書籍編集部　TEL：03-5770-7021

販売部　TEL：03-5770-1201　FAX：03-5770-1228

http://www.shinbiyo.com

振替　00170-1-50321

印刷・製本　凸版印刷株式会社

©MINX & SHINBIYO SHUPPAN Co.,Ltd.
Printed in Japan 2016

この本に関するご意見、ご感想、また単行本全般に対するご要望などを、下記のメールアドレスでも受け付けております。
post9@shinbiyo.co.jp